부동산 디벨로퍼는 어떻게 성공 신화를 쓰는가?

경력 20년 프로 디벨로퍼 실전 노하우

부동산 디벨로퍼는
어떻게 성공 신화를 쓰는가?

이 창 수 지음 | **이 지 고** 도움

서 문

　최근 '부동산 개발'이나 '디벨로퍼'라는 용어가 많은 사람들 사이에서 회자되고 있다. 이미 많은 사람들은 디벨로퍼들이 개발사업을 통해 큰 수익을 얻는다는 것도 알고 있는 것 같다. 일반인들이 이러한 정보를 접하거나 알게 되는 경로는 다양하다. 언론기사, 큰돈을 번 지인의 이야기, 혹은 자신이 빌라 신축 사업으로 몇십억 원을 벌어들인 경험 등이 그 예이다. 많은 사람들이 디벨로퍼가 되기를 희망하는 이유는 아마도 개발사업이 큰 수익을 안겨준다는 점에 매료되었기 때문일 것이다.

　부동산 개발을 통해 큰 수익을 얻을 수 있지만 동시에 큰 위험이 따르기도 한다. 이를 잘 나타내는 말이 바로 '하이 리스크, 하이 리턴'이다. 그러나 내 오랜 경험으로 볼 때 이 말은 프로 디벨로퍼들에게는 틀린 말이다. 왜냐하면 개발사업을 몇 번 진행하다

보면 리스크를 충분히 헤지(Hedge)할 수 있기 때문이다. '헤지'는 사전적으로 울타리, 대비책이라는 의미를 가진다. 즉 '울타리를 쳐서 외부로부터의 위험을 막는다'는 뜻이다. 예를 들어 많은 디벨로퍼가 초기 단계인 토지 작업에서 실패하는 경우가 많다. 그러나 토지 작업의 기본을 알고 있다면 이러한 리스크 헤지는 가능하다.

문제는 경험을 통해 리스크를 효과적으로 헤지하는 방법을 제대로 가르치는 곳이 거의 없다는 것이다. 물론 디벨로퍼를 양성하는 기관이 여럿 있지만 강사진 이력을 보면 금융, 시공, 토지 브로커 등 다양한 분야의 전문가들로 구성되어 있다. 그러나 실제로 부동산 개발사업을 오너로서 직접 지휘 경험이 있는 디벨로퍼를 만나기는 정말 어렵다. 이들 대부분은 교육에 관심이 없기 때문이다. 이들은 교육에 시간을 쓰기보다는 개발사업지를 하나 더 찾거나 인맥을 쌓거나 휴식을 취하는 것이 더 낫다고 생각한다. 또한 성공한 디벨로퍼가 교육도 잘할 것이라는 보장도 없다. 아는 것과 가르치는 것은 다르기 때문이다. 많은 디벨로퍼들이 "내가 고생해서 알게 된 것을 너도 고생해서 알아야 한다."고 생각하기도 한다.

몇 년 전 나는 코엑스 컨벤션홀에서 "디벨로퍼는 어떻게 성공 신화를 쓰는가?"라는 주제로 강연을 했고 그 내용을 요약하여 유튜브에 영상을 올렸다. 이 영상을 본 많은 사람들이 상담을 요청해왔다. 상담을 하면서 놀랐던 점은 개발사업에 종사하는 많은 사람들이 개발에 관한 기본적인 지식이나 간단히 헤지할 수 있는 리스크조차 그 방법을 모른다는 사실이었다.

개발사업에서의 리스크는 실전 교육이나 멘토링을 통해 비교적 쉽게 해결할 수 있다. 예를 들어 초보 디벨로퍼 대부분이 첫 개발 프로젝트에서 실패하는 반면 프로 디벨로퍼들은 대부분 성공하는 것을 보면 이를 알 수 있다. 내가 처음 개발사업을 시작할 때는 대학과 대학원에서 부동산학을 전공하고 박사 학위를 받은 상태였지만 개발사업에 대한 지식은 일천했다. 가끔은 "그때 나에게 멘토가 있었더라면 얼마나 좋았을까?"라는 생각을 하게 된다. 개발사업을 여러 건 성공도 하고 실패한 적도 있지만 그때 멘토가 있었다면 업무도 효율적으로 대처하고 리스크도 줄였을 것이라는 생각을 떨칠 수 없다.

이 책은 나의 20년 이상의 부동산 개발 경험을 토대로 작성되었다. 개발사업의 핵심 단계인 개발사업지 발굴, 시장 조사 및 분석, 가설계, 수지 분석, 토지 작업 및 계약, 건축 허가 또는 사업 승인, 프로젝트 파이낸싱(PF) 대출, 분양 등 각 단계마다 실전에 바로 사용할 수 있는 유용한 정보들로 가득하다. 특히 각 단계마다 발생하는 리스크 헤지 방법에 대해서도 자세히 다루고 있다.

이 책을 읽는 사람들 중에는 현재 개발사업을 하고 있거나 언젠가 디벨로퍼가 되어 큰돈을 벌고자 하는 야망을 가진 이들이 있을 것이다. 또한 벌어 놓은 돈을 몇 배, 몇십 배로 불리고 싶어 부동산 개발에 투자하기를 원하는 이들도 있을 것이다. 이 책은 바로 이들을 위해 쓰였다.

이 책의 내용 이상으로 더 체계적이고 깊이 있는 교육이 필요하다고 느끼는 분들은 〔이창수실전부동산디벨로퍼스쿨〕을 노크해 보길 추천한다. 이에 대해서는 유튜브 〔디벨로퍼이창수tv〕를 방문하거나 www.developerlee.com을 방문하면 자세한 설명을 볼 수 있다.

2024년 10월

이 창 수

순 서

서 문

제1장 부동산 개발의 기초

1강 왜 디벨로퍼가 되려고 하는가? 16

2강 부동산 개발, 정말 하이리스크인가? 20

3강 나도 디벨로퍼가 될 수 있을까? 22

4강 부동산 개발의 의미와 디벨로퍼의 역할? 26

5강 PF 없이는 개발도 없다 28

6강 부동산 개발, 순서가 중요하다 30

제2장 부동산 개발 필수 용어

7강 건폐율, 용적률, 전용률 36

8강 전용 면적, 공용 면적, 공급 면적, 계약 면적, 발코니
     면적, 단위 세대 내부 면적 39

9강 발코니, 베란다, 테라스와 데크, 노대 43

10강 캐노피, 필로티, 베이 47

11강 선분양, 후분양 51

12강 대지 지분 53

13강 분양불, 기성불 55

14강 용도지역 57

15강 지구단위계획구역 61

제3장 개발사업지 발굴

16강 개발사업지 발굴 루트 만들기 64

17강 전면만 도로에 붙은 토지는 버려라 68

18강 팔 이유가 없는 토지는 버려라 70

19강 상가 비율이 높은 토지는 버려라 72

20강 전세가율이 낮은 토지는 버려라 74

21강 자주 주차 비율이 높은 토지는 버려라 76

22강 층수나 높이 제한이 심한 토지는 버려라 78

23강 토지는 클수록 좋다 80

24강 서비스 면적이 주어지는 토지가 좋다 83

25강 용적률 상승 인센티브가 많은 토지가 좋다 85

26강 평지보다 경사지가 좋다 89

27강 북쪽에 도로가 붙은 토지가 좋다 91

28강 정사각형보다 직사각형 모양의 토지가 좋다 93

제4장　비싼 평형대 찾기

29강　추세선을 그려 비싼 평형대를 찾자　96

30강　평형별 가격차는 의외로 크다　98

31강　추세선과 상관없이 평당 가격이 높은 경우도 있다
　　　102

제5장　단위 세대 내부 면적 늘리기

32강　공용 면적은 줄이고 전용 면적은 늘려라　106

33강　발코니 면적을 최대한 늘려라　109

34강　다락 면적을 최대한 늘려라　114

35강　테라스를 설치하라　116

제6장　좋은 배치 만들기

36강　단위 세대 내부 공간 활용도를 높여라　120

37강　같은 층 단위 세대들을 효율적으로 배치하라　126

38강　지하층을 효율적으로 배치하라　131

제7장　수지 분석표 작성 및 분석

39강　수지 분석의 구성　136

40강　수지 분석의 핵심은 수익률이다　139

41강　수익은 짜게, 비용은 넉넉하게　142

42강　분양가 책정은 단위 세대와 설계를 바탕으로　144

제8장 토지 작업 및 매매 계약 체결

43강 토지 작업은 수지 분석 끝낸 후 시작해야 148

44강 디벨로퍼의 대부분이 토지 작업에서 무너진다 150

45강 절대 해약할 수 없는 조건부 계약 체결하기 153

46강 채찍과 당근 156

47강 토지 매매 계약은 내일로 미루지 마라 158

제9장 설계 계약 및 건축 허가

48강 설계비를 후하게 주라 162

49강 설계비, PF 전에는 적게, 우에는 많이 주라 164

50강 건축 허가, 디벨로퍼가 앞장서서 뛰어라 166

51강 시로 갈까? 도로 갈까? 168

제10장 PF 대출

52강 수익률이 높은데, PF는 안 된다고? 172

53강 수익률보다 분양성 체크부터 174

54강 PF, 많이 받을수록 좋을까? 177

55강 대출 기관들을 경쟁시켜라 179

56강 대출 계약서 날인 전 꼼꼼히 살펴봐야 181

제11장   시공사 선정

57강   브랜드, 비싼만큼 제값 한다   184

58강   사업성이 좋을수록 분양불을 높일 수 있다   186

59강   신용등급이 높은 시공사는 분양불을 좋아한다   188

60강   시공 계약은 반드시 턴키로   191

제12장   개발의 구부능선, 분양

61강   분양이 잘 되면 디벨로퍼는 특갑이 된다   194

62강   분양 비용은 넉넉히 준비해야 한다   196

63강   타깃이 정확하면 분양 비용을 확 줄일 수 있다   198

64강   타깃은 개발사업지 가까이 있다   200

65강   헤드 카피 한 줄이 분양을 좌우한다   203

66강   수수료 지급 전략이 분양률을 좌우한다   206

67강   프로 상담사 1명이 일반 상담사 10명보다 낫다   209

제13장   개발사업, 위기가 기회다   211

제14장   분양 아파트 vs 신·구축 아파트   215

이 시대의 부자들은 모두 낙천주의자이다.
그들이 항상 옳아서가 아니라
긍정적인 생각을 하기 때문이다.
심지어 그들이 하는 일이 틀렸을 때도
그들의 태도는 여전히 긍정적이다.
그들의 긍정적 사고야말로
그들이 목적을 달성하도록 하고
스스로를 개선시켜 결국 성공에 이른다.

— Historian David Landes —

제1장

부동산 개발의 기초

1강

왜 디벨로퍼가 되려고 하는가?

4년 전부터 나는 부동산 디벨로퍼[1]가 되고자 하는 사람들을 대상으로 〔이창수실전부동산디벨로퍼스쿨〕강의를 진행하고 있다.[2] 이 강의를 들은 사람들의 연령과 직업은 매우 다양하다. 20대부터 80대까지 다양한 연령층과 IT 사업가, 공학 박사, 의사, 약사, 회계사, 변호사, 건축설계사무소 대표, 건설업체 대표, 부동산 개발회사 대표, 부동산 분양 대행사 대표, 물류업체 대표, 고위 군관리, 목사 등 다양한 직업군의 사람들이 내 강의에 참여하고 있다. 처음에는 수강생 중 남성이 90%를 차지하였으나 점차 여성의

---

[1] 부동산 개발사업을 총괄 지휘하는 주체를 부동산 디벨로퍼라 한다. 이 책에서는 부동산 디벨로퍼를 그냥 디벨로퍼라 칭하겠다.

[2] 이 강의에 대해 궁금한 사람들은 www.developerlee.com에서 자세한 정보를 확인하기 바란다.

비율이 증가하여 현재는 남녀 비율이 6:4 정도 된다. 또한 수강생의 연령대도 점차 젊어지고 있어 초기에는 40대와 50대가 많았지만 현재는 20대와 30대가 많다. 수강생분들의 수업 참여도 또한 매우 높다. 일주일에 한 번 3~4시간 동안 진행되는 4회 강의에 지각이나 결석하는 사람은 거의 없다. 수업 중이나 쉬는 시간에도 질문이 많을 뿐만 아니라 다양하고 날카롭다.

수강생들의 커뮤니티 활동도 활발하다. 수료 후에는 뜻이 맞는 동기들과 함께 법인을 설립해 사업을 진행하는 팀들이 많이 생겨났다. 이들은 역할을 분담해 사업할 만한 토지를 찾고 토지를 발견하면 경쟁 상품들의 시장 조사를 진행한다. 시장 조사를 바탕으로 건축설계사무소에 가설계를 의뢰한다.[3] 가설계를 통해 상품 종류, 면적, 층수, 주차 대수, 단위 세대 도면, 단지 배치도 등을 알아낼 수 있다. 이러한 가설계 결과물을 가지고 수지 분석을 하고 그 결과 사업 수익률을 체크한다. 사업 수익률이 좋으면 토지 작업을 시작한다. 그리고 토지 매매 계약[4]을 마치면 건축 허가나 사업 승인 절차를 진행하여 허가나 승인을 득한다. 허가나 승인에 이어 PF(Project Financing) 대출을 진행하게 되는데 PF 대출

---

3) 건축업에 종사하는 사람들은 가설계를 계획 설계라고 부른다.
4) 본서에서 말하는 '토지 매매 계약'은 토지와 건물 및 부속물을 모두 합친 계약으로서 부동산 및 부속물 매매 계약이라는 표현이 맞을 것이나 디벨로퍼 입장에서는 토지 매입이 주 관건이라서 토지 매매 계약이라 표현하기로 한다.

을 받으면 착공에 들어간다. 착공에 이어 분양을 하게 된다. 이러한 여러 과정에서 나는 수강생들에게 멘토링을 무료로 제공해 주고 있다.

이처럼 다양한 연령과 직업을 가진 사람들이 왜 디벨로퍼가 되려고 열정적으로 도전하는가? 아마도 고생에 비해 얻을 수 있는 수익이 매우 크기 때문인 것 같다. 이런 점에서 디벨로퍼라는 직업은 매우 매력적이다.

2002년 나는 첫 개발사업에서 200억 원이라는 큰돈을 벌었다.[5] 당시에 투입한 내 돈[6]은 5억 원이었고 19억 원은 지인으로부터 차입했다. 그 당시 대학 동기의 연봉이 5,000만 원쯤 할 때였으니까 내 수익은 그들 연봉의 400배였다. 이는 마치 1등 로또에 당첨된 것과 같은 수준이었다. 미국의 로또라 불리우는 메가밀리언과 파워볼의 최고 당첨금은 약 1조 8,000억 원이었고 우리나라 로또 최고 당첨금은 407억 원이었다. 개발사업 수익도 이에 못지않다. 한 번의 개발 프로젝트를 통해 몇십억 원에서 몇백억 원, 개발 프로젝트가 큰 경우에는 몇천억 원, 조 단위도 벌 수 있다. 그런데 개발사업은 확률 측면에서 로또보다 더 큰 메리트가 있다. 로또의 1등 당첨 확률은 매우 낮지만 개발사업에서 성공할 확률은 프

---

5) 유튜브 '디벨로퍼이창수tv' 영상 중 "〔강의 #2〕 난 이렇게 빅리치가 됐다 (3-2) / 5억으로 200억을 벌었다고???" 제목의 영상에 내용이 자세히 나와 있으니 참고하기 바란다.
6) 투입한 내 돈을 자기 자본 또는 에쿼티(equity)라고 한다.

로 디벨로퍼의 경우 90% 이상이다. 이상과 같이 개발사업이 가지고 있는 강력한 메리트로 인해 디벨로퍼가 되고자 하는 사람들이 점점 많아지고 있는 것 같다.

2강

부동산 개발, 정말 하이 리스크인가?

매스컴이나 SNS에서 부동산 개발사업[7]을 '하이 리스크'라고 지적하는 경우가 많다. 이 지적도 일리 있지만 그렇다고 맞는 말이라고는 할 수 없다. 리스크가 큰지 작은지는 디벨로퍼의 수준에 따라 크게 차이 나기 때문이다. 예를 들어 프로 디벨로퍼들은 10개 중 9개 이상의 개발 프로젝트를 성공시키지만 초보 디벨로퍼들은 10개 중 9개를 실패한다. 이는 운전에 있어 초보자와 20년 경력자의 차이와도 같다. 국가대표 양궁 선수들은 70m 거리에서 과녁의 8~10점 안에 정확히 맞추지만 일반인에게 같은 결과를 기대하기는 어렵다. 이처럼 부동산 개발에서도 디벨로퍼의 경험과

---

7) 본서에서는 이하에서 부동산 개발사업을 그냥 개발사업 또는 개발 프로젝트라고 칭하겠다.

능력에 따라 결과가 크게 달라진다. 디벨로퍼가 실전 경험을 축적할수록 개발사업에서 야기되는 다양한 업무와 리스크에 대한 대처 능력이 성장한다.

자동차 접촉 사고만으로도 머리가 아픈데 개발사업이 실패하면 그로 인해 디벨로퍼는 오랜 기간 큰 고통을 감내해야 한다. 이는 개발사업에 상당한 초기 자금이 투입되기 때문인데 비록 이 자금이 전체 사업 규모에 비해 작은 액수라 할지라도 무시할 만한 수준은 아니다. 작은 규모의 사업조차도 최소 몇억에서 몇십억 원이 투입된다. 만약 이 자금이 차입된 것이라면 사업 실패 시 차입금 변제에 많은 시간과 노력이 필요하다. 그럼에도 불구하고 많은 사람들이 주변 디벨로퍼들의 성공만 보고 겁 없이 사업에 뛰어든다. 그런데 이들 대부분이 개발 경험이 없는 초보 디벨로퍼들이다.

개발사업에서의 리스크 관리는 매우 중요하다. 리스크를 줄이기 위해 철저한 준비가 필요하다. 그 준비를 위해 개발 전문기관이나 프로 디벨로퍼로부터 개발사업에 대한 실무적 이해와 개발 파트별 실전 전략, 리스크 관리 등을 배우고 투자를 통한 간접 실전 경험도 쌓는 것이 좋다. 그러고 난 후 개발사업을 진행할 때는 경험이 풍부한 디벨로퍼를 멘토로 두어 멘토링을 쉽게 받을 수 있는 환경을 조성하는 것이 필요하다.

3강

나도 디벨로퍼가 될 수 있을까?

나는 외부 기관으로부터 특강 요청을 종종 받는다. 외부 기관에서 강의할 때 자주 듣는 질문 중 하나가 "저도 디벨로퍼가 될 수 있을까요?"이다. 이에 대해 나는 항상 "물론입니다. 디벨로퍼 안 어렵습니다."라고 답한다.

다행히도 부동산 개발은 물리학이나 수학처럼 어렵지는 않다. 개발은 마치 청자를 빚는 비법과 같아서 한 번 비법을 터득하고 나면 누구나 어렵지 않게 할 수 있다. 예를 들어 도공에게 청자 빚는 법을 노트에 적어보라 하면 흙 고르는 방법부터 가마 온도 맞추는 법까지 A4 한두 장이면 적지 않을까 싶다.

그런데 이렇듯 개발사업을 습득하는 것이 어렵지 않다고는 해도 제대로는 배우고 시작해야 한다. 에쿼티 자체만 해도 최소한 몇억에서 몇십억 원이 투입되는 것이라서 대충하다 망하면 큰일이다.

그런데 문제는 일반인들이 디벨로퍼가 되기 위해 뭔가를 배우려고 해도 체계적으로 가르치는 곳을 찾기가 쉽지 않다는 것이다. 대부분 자칭 디벨로퍼라고 하는 사람들의 면면을 보면 금융 전문가, 시공 전문가, 설계 전문가, 분양 전문가, 시행사 임직원 등이며 실제로 개발 프로젝트를 처음부터 끝까지 총괄해 본 프로 디벨로퍼를 만나기란 여간 어려운 일이 아니다. 그리고 어렵게 프로 디벨로퍼를 만났다 하더라도 "왜 이 어려운 걸 배우려고 하느냐? 계속하던 일을 하는 게 낫다."라는 대답을 듣게 된다.

프로 디벨로퍼가 되기 위해서는 제대로 된 교육 기관부터 찾아야 한다. 제대로 된 교육 기관이란 개발 경험이 풍부한 프로 디벨로퍼가 직접 강의하는 곳을 의미한다. 이런 교육 기관에서 기초를 다지고 같은 목표를 가진 교육생들끼리 커뮤니티를 형성하여 실전 경험을 쌓아나가면 디벨로퍼로서 조금씩 자신감이 붙게 된다.

그리고 프로 디벨로퍼를 멘토로 두는 것이 좋다. 개발사업지 발굴, 시장 조사부터 가설계, 수지 분석, 토지 작업 및 계약, 건축 허가, PF 대출, 분양 등 전 과정에서 멘토로부터 조언을 받아 개발사업을 진행하게 되면 시행착오를 줄일 수 있고 리스크를 헤지해나가는 데 큰 도움이 된다.

또한 개발사업에 소액이라도 직접 투자하는 것이 좋다. 직접 투자할 때는 언제까지 얼마의 수익을 챙겨주겠다는 곳보다는 개발 프로젝트의 진행 상황을 정기적으로 알려 주고 관련 서류도 제공하는 곳에 투자하는 것이 바람직하다.

　디벨로퍼가 되기 위해서는 실력뿐만 아니라 자세 또한 중요하다. 자세란 의지, 근면, 평정심을 의미한다. 나는 "의지가 운명을 가른다."는 말을 디벨로퍼가 되고자 하는 사람들에게 강조하고 싶다. 이 말은 개발사업을 진행하면서 마주치는 많은 어려움을 강한 의지로 극복해야 한다는 의미를 담고 있다.

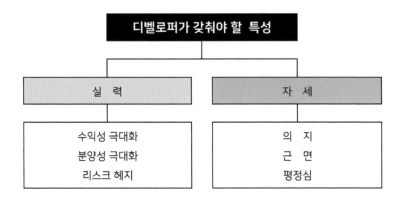

　뉴욕 월스트리트 광장에 위치한 '돌진하는 황소상'(Charging Bull)과 이에 맞서는 '두려움 없는 소녀상'(Fearless Girl)을 보면 연약해 보이는 소녀가 거대한 황소에 맞서는 모습에서 황소를 제압하고자 하는 확고한 의지가 느껴진다.

　또한 디벨로퍼는 근면하지 않으면 안 된다. 검토 중인 토지가 개발사업에 적합한지 여부를 판단하기 위해서는 현장에 시장 조사를 나가는 것도 한두 번이 아닌 수십 번을 나가기도 한다. 토지 작업 또한 마찬가지다. 토지주와 토지 매매 계약을 체결하기 위해 수십 번을 만나 설득할 때도 있다. 이러한 일들은 근면하지 않고는 할 수 없는 일들이다.

뉴욕 월스트리트 광장에 위치한 '돌진하는 황소상'(Charging Bull)과
이에 맞서는 '두려움 없는 소녀상'(Fearless Girl)

개발사업을 진행하는 디벨로퍼에게 평정심을 잃지 않는 것 또한 매우 중요하다. 여러 번 성공한 디벨로퍼 중에 너무 자신감이 넘쳐 위험률이 높은 개발사업지인지 아닌지 여부를 제대로 파악하지 않고 그 토지를 선택하여 개발사업을 진행하는 경우가 왕왕 있다. "하늘을 나는 새도 떨어진다"는 말이 있다. 항상 초보자의 마음으로 신중하게 평정심을 잃지 말고 사업을 진행하는 자세가 필요하다.

4강

부동산 개발의 의미와 디벨로퍼의 역할?

부동산 개발이란 간단히 말해 '토지를 매입해서 건물을 세우고 분양 또는 임대를 해서 수익을 남기는 작업'이다. 이 작업을 총괄 지휘하는 사람을 디벨로퍼라 한다.

수강자 중에는 가끔 "디벨로퍼가 되기 위해 어떤 것을 배워두면 좋을까요?"라고 질문하는 사람들이 있다. 질문을 좀 더 구체적으로 소개하면 "공인중개사 자격증을 따두면 어떨까요?", "모델하우스에서 분양 일을 배워두면 어떨까요?", "부동산 대학원에 들어가서 공부를 하면 어떨까요?" 등등이다.

이러한 질문에 대해 나는 "아닙니다. 그런 것들은 안 배우셔도 됩니다."라고 답한다. 그리고 이어 "오케스트라에는 지휘자와 연주자가 있습니다. 디벨로퍼는 연주자가 아닙니다. 지휘자입니다. 지휘자가 굳이 연주를 잘해야 할 이유는 없습니다."라고 답한다. 물론 연주를 잘하면 지휘에 도움이 될 수는 있을 것이다. 그렇다고 굳이 특정 연주를 배우기 위해 시간을 쏟아부을 필요는 없다. 그 시간에 지휘자 수업을 받는 것이 더 효율적일 것이다.

디벨로퍼를 양성하는 기관에서 강사로 대출 전문가, 시공 전문가, 설계 전문가, 분양 전문가, 시행사 임직원 등등이 모여 디벨로퍼 수업을 하는 곳들이 있다. 이들은 디벨로퍼가 아니다. 단지 연주자일 뿐이다. 이들이 개발사업을 가르치는 것은 연주자가 지휘를 가르치는 것과 같다.

디벨로퍼는 개발의 큰 숲을 볼 줄 알아야 한다. 그 개발의 숲속에서는 개발사업지 발굴, 시장 조사, 가설계, 수지 분석, 토지 작업 및 계약, 건축 허가, 시공사 선정, PF 대출, 분양, 준공에 이르기까지 다양한 일들과 이 일들을 전담하는 다양한 업체들이 하나의 거대한 스트럭처를 구성하고 있다. 이 거대한 스트럭처를 지휘하듯 이끌어 나가는 자가 바로 디벨로퍼이다.

5강

PF 없이는 개발도 없다

부동산 개발은 큰 자본이 필요한 사업이어서 디벨로퍼는 에쿼티뿐만 아니라 차입금, 투자금, 브릿지 대출, PF 대출 등 여러 재원을 활용해 자금을 조달한다.[8] 이런 방식은 사업 규모가 클수록 더욱 필요하다. 특히 수십억에서 수천억 원에 이르는 대형 개발 프로젝트에서는 에쿼티만으로 자금을 조달한다는 것은 현실적으로 불가능하다.

또한 만약 에쿼티로 모든 비용을 충당한다면 자기 자본 수익률(ROE : Return On Equity)[9]이 현저히 낮아질 뿐만 아니라 사업

---

8) 요즘은 개발 프로젝트의 수익성과 분양성이 좋은 경우 기관들의 에쿼티 참여가 늘고 있다.

실패 시 투입된 에쿼티 전액을 잃을 수도 있다.

PF 대출은 이런 문제를 해결하기 위해 널리 사용되는 방법이다. PF 대출은 개발 프로젝트가 성공할 것이라는 기대 하에 에쿼티를 제외한 나머지 비용을 대출해 주는 방식이다. 예를 들어 투입비 2,000억 원 규모의 개발 프로젝트에 PF를 통해 필요한 자금 대부분을 조달할 수 있다. 이는 개발 프로젝트의 미래 사업성[10]에 대한 강한 믿음 없이는 실행하기 어렵다.

PF 대출은 전통적인 담보대출보다 높은 이자율과 수수료를 요구하는데 이는 담보대출에 비해 PF 리스크가 더 크기 때문이다. 담보대출에서는 대출금 변제를 못하게 되면 담보로 잡힌 자산을 처분해 대출금을 회수할 수 있지만 PF 대출에서는 개발 프로젝트 실패 시 대출금 회수가 어렵다. 따라서 대출 기관은 높은 리스크를 보상받기 위해 높은 비용을 부과한다.

그럼에도 불구하고 PF 대출을 활용하는 이유는 사업에서 기대되는 큰 수익 때문이다. PF 대출을 통해 많은 자금이 조달되면 더 큰 사업을 할 수 있고 더 큰 수익을 추구할 수 있다. 따라서 디벨로퍼들은 높은 이자와 수수료가 부담이 되더라도 잠재적 수익을 고려할 때 더 큰 사업에 도전하기를 희망한다.

---

9) 자기 자본 수익률 $= \dfrac{\text{총분양수입} - \text{총투입비용}}{\text{자기 자본}} = \dfrac{\text{사업수익}}{\text{자기 자본}} \times 100$

10) 본서에서는 사업성은 수익성과 분양성을 합친 개념으로 둘 다 좋을 때 사업성이 좋다고 말한다.

6강

부동산 개발, 순서가 중요하다

개발사업은 여러 단계를 거쳐 진행된다. 이 과정은 개발사업지 발굴, 시장 조사 및 분석, 가설계, 수지 분석, 토지 작업 및 계약, 인허가, PF 대출, 분양, 그리고 준공 및 정산 등 총 9단계로 나뉜다. 특히 토지 작업 및 계약, PF 대출, 분양 등은 개발 프로젝트의 성공 여부에 결정적인 영향을 미치는 핵심 단계라 할 수 있다.

개발사업은 각 단계를 순서대로 진행하는 것이 개발 프로젝트 성공에 매우 중요하다. 초보 디벨로퍼들은 종종 이 순서를 지키지 않아 개발 프로젝트가 실패하는 경우가 많다.

부동산 개발 단계별 내용과 중요 사항을 살펴보면 다음과 같다. 먼저 적정한 개발사업지 발굴에 이어 시장 조사 및 분석을 통하

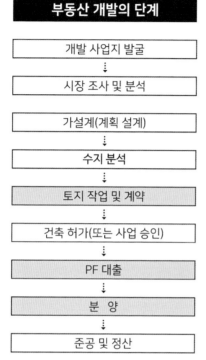

부동산 개발의 단계

개발 사업지 발굴

시장 조사 및 분석

가설계(계획 설계)

수지 분석

토지 작업 및 계약

건축 허가(또는 사업 승인)

PF 대출

분 양

준공 및 정산

여 개발사업지의 가장 비싼 평형대와 평당가격을 도출한다. 이를 근거로 가설계를 의뢰한다. 가설계가 완성되면 단위 세대 도면, 부대시설 종류, 단지 규모 등을 경쟁 상품들과 비교 분석하여 처음 시장 조사에서 도출한 평당 가격을 재조정한다.

부정확한 시장 분석은 분양 저조를 초래하며 이는 개발 사업의 실패로 이어질 수 있으므로 철저히 분석해야 한다. 그리고 가설계는 전용률을 최대화하고 발코니, 테라스 등의 부가 면적을 확장하는 방향으로 진행되어야 한다. 이 과정은 수십 번의 수정이 필요하며 충분히 수정한 후 더 이상 고칠 것이 없다고 판단될 때 수지 분석을 진행한다.

단위 세대당 평당 분양 가격이 도출되면 이를 기반으로 수지 분석을 진행한다. 수지 분석 시 투입비용은 넉넉하게 책정하는 것이 좋다. 이를 무시하고 사업을 진행했다가 나중에 자금을 구하러 다니게 될 수 있다. 수지 분석 결과 사업성이 좋다고 판단될 때 토지 작업 및 계약을 진행해야 한다. 그런데 많은 초보 디벨로퍼들이 수지 분석 결과가 나오기 전에 대충 수지타산을 해본 후 토지 매매 계약부터 덜렁하는 경우가 많다. 이는 정말 위험한 행위다. 이렇게 모든 것을 철저하게 진행한 결과 사업성이 없어 토지 작업을 포기하는 경우도 많다는 것을 초보 디벨로퍼들은 명심하길 바란다.

수지 분석 결과 사업성이 좋다고 판단되면 그때 토지 작업 및 계약을 진행하게 된다. 이 단계는 개발사업의 주요 난관 중 하나이다. 개발 프로젝트의 토지주가 다수일 경우 협상과 계약이 복잡해지며 지연될 경우 개발 프로젝트 전체 일정에 영향을 미친다. 이것을 방지하기 위해서는 절대 해약되지 않는 토지 매매 계약을 체결해야 한다.

토지 매매 계약이 완료되면 토지주로부터 '토지 사용 승낙서'를 받아 건축 허가나 사업 승인을 진행한다. 건축 허가나 사업 승인을 득하면 PF 대출을 진행하게 되는데 이 과정에서 디벨로퍼는 에쿼티를 최소로 투입하고 최대한 PF 대출을 받아 사업비용을 충당하려고 한다. 이때 PF 대출금이 기대보다 낮거나 거절되면 더 이상 개발 프로젝트를 진행할 수 없다. 따라서 토지 작업 들어가기 전에 원하는 만큼 PF 대출금이 나올지 사전에 체크부터 해야 한다. 토지 작업 전에 작성한 수지 분석이 현실성 있는지 PF 대출 기관을 방문해서 협의를 하거나 또는 프로 디벨로퍼에게 멘토링을 받는 것이 좋다.

분양은 개발사업의 최종 성패를 결정짓는다는 점에서 매우 중요한 단계이다. 시장 상황 변화에 따라 분양가를 재점검하고 일정 기간 내에 분양을 완료하기 위한 전략으로서 분양 대행 계약 조건에 기간별 분양률을 책정하고 달성 여부에 따른 인센티브와 페널티 조항을 넣어야 한다. 또한 유능한 분양 상담사의 확보가 무엇보다 중요한데 실적이 부진한 상담사는 조기에 퇴출하고 능력 있는 상담사로 교체하여 분양률을 높이는 전략을 세워야 한다.

비관론자는 모든 기회에서 어려움을 찾아내고,
낙관론자는 모든 어려움에서 기회를 찾아낸다
(A pessimist sees the difficulty in every opportunity;
an optimist sees the opportunity in every difficulty.)

— Winston Churchill —

제2장

부동산 개발 필수 용어

7강

건폐율, 용적률, 전용률

건폐율은 대지 면적에 대한 건물 바닥 면적의 비율로 건물의 수평적 확장을 규제하기 위해 만들어진 용어이다. 이는 건물 간의 적절한 간격을 유지하고 채광과 통풍을 확보하며 도시의 쾌적한 환경을 조성하는 데 기여한다.

건폐율이 높으면 건물을 수평적으로 넓게 지을 수 있고 낮으면 수직적으로 높게 지어야 한다. 건폐율이 낮을수록 건물의 공용 면적보다는 전용 면적이 더 크게 줄어드는데[11] 이는 사업 수익 감소 요인으로 작용한다. 따라서 검토 중인 개발사업지의 건폐율을 확인하는 것이 바람직하다.

---

11) 한 층에 들어가는 홀과 계단실은 일정한데 건폐율이 낮아지면 결국 전용 면적을 줄이는 방법 외에는 달리 대안이 없기 때문이다.

$$건폐율 = \frac{건물\ 바닥\ 면적}{대지\ 면적} = \frac{50㎡}{100㎡} \times 100 = 50\%$$

용적률은 대지 면적에 대한 지상 건물의 총바닥 면적의 비율로 도시의 밀도를 조절하고 건물 높이와 크기를 규제하기 위해 만들어진 규정이다. 이를 통해 도시 환경을 계획적으로 개발하고 교통 혼잡을 줄이며 쾌적한 주거 및 상업 공간을 확보하는 데 기여한다.

용적률에는 3가지 용적률이 있다. 건축의 기본 한도를 나타내는 기준 용적률, 특정 조건을 충족할 경우 초과가 허용되는 허용 용적률, 초과할 수 없는 최대 한도까지 높인 상한 용적률로 구분된다.[12] 일반적으로 용적률이 높아질수록 수익도 같이 증가하므로 디벨로퍼는 최대한 용적률을 높이기 위해 노력해야 한다.

---

12) 기준 용적률을 기본 용적률, 상한 용적률을 최대 용적률이라고도 한다.

$$용적률 = \frac{지상\ 건물\ 총\ 바닥\ 면적\ (=연면적)}{대지\ 면적} = \frac{200㎡}{100㎡} \times 100 = 200\%$$

전용률은 건물 전체 면적에서 전용 면적이 차지하는 비율로 아파트나 주택에서는 공급 면적에서 전용 면적이 차지하는 비율을 오피스텔이나 상가에서는 계약 면적에서 전용 면적이 차지하는 비율을 의미한다.

$$아파트\ 전용률 = \frac{전용\ 면적}{공급\ 면적} \times 100\%$$

$$오피스텔\ 전용률 = \frac{전용\ 면적}{계약\ 면적} \times 100\%$$

전용률이 높으면 전용 면적이 커지는데 구매자들은 일반적으로 전용 면적이 큰 주택을 선호한다. 이는 분양이나 임대 시 높은 가격을 책정할 수 있는 요인으로 작용한다.

8강

전용 면적, 공용 면적, 공급 면적, 계약 면적, 발코니 면적, 단위 세대 내부 면적

 전용 면적은 아파트나 오피스텔 등 단위 세대에서 법적으로 인정되는 면적을 의미한다. 전용 면적에 붙어있는 발코니, 테라스, 다락, 옥탑방, 베란다 등은 법적으로 전용 면적에 포함되지 않는다.

 전용 면적은 주로 '평' 단위로 표시되며 아파트와 오피스텔에서는 벽체 안쪽을 기준으로 측정하는 '안목 치수' 방식을 사용한다. 오피스텔의 경우 이전에는 벽체 중심선을 기준으로 측정하는 '중심선 치수' 방식을 사용했는데 이 방법은 벽체 두께 절반을 전용 면적에 포함시켜 실제 사용 공간보다 좁게 계산되는 문제가 있었다.

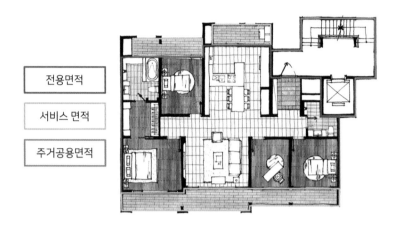

전용면적

서비스 면적

주거공용면적

공용 면적은 전용 면적 외의 면적으로 아파트 단지나 상가 건물 내에서 모든 주민이 공동으로 사용하는 면적이다. 여기에는 계단, 복도, 엘리베이터, 로비, 놀이터, 수영장, 주차장, 공원 등이 포함된다.

공용 면적은 건물 내에서 생활 편의 시설을 평가하거나 공동관리비 부담을 결정하는 데 중요한 역할을 한다. 주거 공용 면적은 지상층에 위치하며 공동현관, 계단, 엘리베이터, 복도, 비상구 등 건물 내부에 있는 부대시설을 포함하고 기타 공용 면적은 주차장, 경비실, 노인정, 관리사무소, 단지 내 커뮤니티 시설 등 지하층이나 건물 외부에 있는 부대시설을 포함한다.

전용 면적과 주거 공용 면적을 합한 것을 공급 면적이라 하며 이는 '평형'으로 표시된다. 동일한 공급 면적에서 주거 공용 면적을 줄이고 전용 면적을 늘리면 단위 세대 공간이 넓어지는데 이는 분양가를 상승시키는 요인이 된다. 왜냐하면 주택 구매자는 주로 공용 면적이 넓은 것보다는 전용 면적이 넓은 것을 선호하기 때문이며 따라서 설계 시 주거 공용 면적을 최소화하고 전용 면적을 최대화하는 노력이 필요하다.

계약 면적은 공급 면적과 기타 공용 면적을 합한 가장 큰 면적을 말한다. 아파트는 공급 면적을 분양 면적으로 사용하고 오피스텔이나 오피스, 상가는 계약 면적을 분양 면적으로 사용한다. 예를 들어 아파트와 오피스텔의 분양 면적이 60평이고 기타 공용 면적이 20평인 경우 아파트의 공급 면적은 60평이지만 오피스텔은 40평에 불과하다. 모델하우스를 방문하여 살펴보면 오피스텔의 단위 세대 면적이 아파트보다 훨씬 작다는 것을 느낄 수 있다.

계약면적		세대 실면적	서비스 면적	발코니처럼 세대 내부에 덧붙여진 면적
	공급면적		전용 면적	각 세대(가구, 호)가 독립적으로 사용하는 면적
			주거 공용 면적	계단, 복도, 현관, 엘리베이터, 비상구
			기타 공용 면적	주차장, 경비실, 노인정 관리사무소, 커뮤니티 시설

용적률을 인상하지 않고 단위 세대에 공짜로 주어지는 (법적으로 산입되지 않는) 면적을 서비스 면적이라 하는데 대표적인 서비스 면적으로는 발코니가 있다.

단위 세대 내부 면적은 전용 면적에 발코니, 베란다, 테라스 등 공짜로 주어지는 면적을 합한 면적을 의미한다. 단위 세대 내부 면적이 증가할수록 수익은 증가한다. 예를 들어 아파트 84㎡을 분양한다고 하자. 여기서 말한 84㎡는 전용 면적과 주거 공용 면적을 합한 공급 면적이다. 공급 면적에는 발코니, 베란다, 테라스 등 공짜로 주어지는 면적이 전혀 포함되어 있지 않다. 그런데 다 같은 공급 면적일 때 어느 한쪽은 다른 한쪽에 비해 공짜로 주어지는 면적이 크다면 어떻게 될까? 일반적으로 공짜 면적이 클수록 분양이나 임대가 잘될 뿐만 아니라 가격을 어느 정도 인상하여도 시장에서 소화가 된다. 즉 단위 세대 내부 면적의 증가가 분양가나 임대료 상승의 주요 요인이 되며 또한 수익 증가로 이어진다. 따라서 설계 시 발코니, 베란다, 테라스 등 공짜 면적을 최대한 증가시키려는 노력이 필요하다.

9강

발코니, 베란다, 테라스와 데크, 노대

    발코니(Balcony)[13]는 건물의 외부에 돌출된 플랫폼을 의미하며 한국에서는 이 공간을 전용 면적과 터서 전용 면적의 일부처럼 사용할 수 있다. 보통은 발코니를 아파트의 거실에 붙어있는 베란다와 혼동하지만 건축법에서의 '발코니'라는 용어를 사용하는 것이 맞는 표현이다. 또한 발코니는 한 가지 형태만 있는 것이 아니고 그 형태가 다양하다. 예를 들어 아파트나 도시형 생활주택에서는 발코니를 확장하여 전용 공간처럼 사용할 수 있는 것에

---

13) 건축법 시행령 제2조 제14항 : '발코니'란 건물의 내부와 외부를 연결하는 완충 공간으로서 전망이나 휴식 등의 목적으로 건물 외벽에 접하여 부가적(附加的)으로 설치되는 공간을 의미한다. 이 경우 주택에 설치되는 발코니로서 국토교통부장관이 정하는 기준에 적합한 발코니는 필요에 따라 거실·침실·창고 등의 용도로 사용할 수 있다.

반해 오피스텔이나 지식산업센터 같은 곳에서는 발코니 확장이 금지되어 있다. 또한 어떤 발코니는 외벽에서 내부로 끌어 들어온 형태인가 하면 어떤 발코니는 외벽에서 밖으로 돌출하여 테라스처럼 사용하는 것도 있다. 그리고 어떤 발코니는 외부에 창을 설치할 수 있지만 어떤 발코니는 외부에 난간만 설치할 뿐 창 설치가 금지된 경우도 있다.

전용 공간과 발코니를 터서 사용하면 여러 장점이 있다. 우선 실내 공간이 넓어져 다양한 용도로 활용할 수 있는 유연성이 증가한다. 다음으로 자연 채광과 환기가 개선되어 실내 환경이 훨씬 쾌적해진다. 그리고 실내외 경계가 모호해져 실내와 야외가 연결된 듯한 느낌을 받을 수 있다. 마지막으로 이러한 변화는 부동산의 가치를 높여 분양이나 임대 시 더 높은 가격을 받을 수 있는 결과를 가져온다.

오픈 발코니

최근에는 오픈 발코니 설치가 증가하는 추세다. 오픈 발코니는 돌출 개방되었다고 해서 '돌출 개방형 발코니' 또는 '야외 발코니'라고도 불린다. 기존 발코니는 폭이 1.5m이나 오픈 발코니는 최대 2.5m까지 확장할 수 있다. 하지만 오픈 발코니를 기존 발코니처럼 확장하여 전용 면적처럼 사용하는 것을 법으로 금지하고 있다.

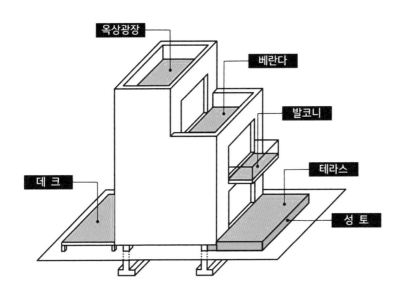

베란다(Veranda)는 윗층과 아래층의 면적 차이로 인해 생기는 마당을 의미한다. 옥탑방 앞에 있는 마당을 연상하면 된다. 흔히 베란다를 테라스라고 부르기도 하는데 이는 올바른 표현이 아니다. 베란다는 실내 생활 공간을 확장하는 역할을 하며 주로 휴식, 가벼운 식사, 식물 재배 등 다양한 용도로 사용된다.

지상에 설치되는 테라스(Terrace)와 데크(Deck)는 1층 실내와 연결된 외부 공간을 의미한다. 테라스는 'Terra'(토지)라는 어원에서 유래되었는데 지표면과 직접 연결되어 있는 구조를 뜻한다. 반면 데크는 지표면에서 약간 떨어져 설치된 구조를 의미한다. 어떻든 둘 다 건물 외부에 위치한 개방된 바닥 구조물로 설치 위치에 따라 구분된다.

테라스와 데크는 지표면으로부터 높이가 1m 이하일 때 그리고 2분의 1 이상 벽으로 둘러싸이지 않은 상태에서 3개 면이 개방되어 있고 지붕이 없는 경우에는 바닥면적에서 제외된다.

노대는 발코니, 베란다, 테라스, 데크를 포함하는 용어로 건축물 외부로 돌출된 구조이거나 건축물의 일부로서 개방된 형태의 바닥 구조물을 지칭한다. 우리나라 건축법은 발코니를 명확히 정의하고 있으며 건축법 시행령에서는 노대와 같은 비슷한 구조물들에 대해서도 언급하고 있다.

10강

캐노피, 필로티, 베이

캐노피(Canopy)는 건물의 외부에 설치되어 실내와 외부 공간을 연결하는 구조물을 의미한다. 캐노피는 주로 금속, 유리, 천 등으로 만들어지며 건물의 입구나 창문 위, 테라스에 설치된다.

캐 노 피

캐노피는 햇빛, 비 등 자연 요소로부터 건물을 보호하고 실내

온도 상승을 줄여 에너지 효율을 높인다. 또한 식당이나 카페 같은 곳에서는 캐노피 아래에 야외 좌석을 마련하여 더 많은 손님을 수용하기도 한다. 캐노피를 멋지게 설치하면 건물의 미적 가치가 높아지며 브랜드 인지도를 높이는 데도 기여한다.

필로티(Pilotis)는 건물 1층을 기둥으로 떠받쳐 개방된 공간을 만들 수 있는데 이렇게 생긴 1층 공간을 필로티라고 한다. 필로티는 주차장, 휴게 공간, 정원 등의 용도로 사용된다. 또한 필로티를 통해 건물 사이에 여유 공간이 생기므로 도시 내에서 자연채광과 통풍이 개선되고 더 쾌적하고 개방된 도시 환경을 조성하는 데에도 이바지한다.

필 로 티

우리나라에서 필로티 공간은 법적으로 면적에 포함되지 않는다. 이는 사업에 있어 여러 이점을 제공한다. 예를 들어 필로티에 주차장을 넣으면 지하 주차장을 설치하지 않아도 된다. 이로 인해 주차장 비용이 감소되어 수익을 증가시키는 효과를 가져온다. 그리고 주차장 대신 정원을 설치하게 되면 입주자들의 생활 환경이 좋아져 분양이나 임대 시 높은 가격을 책정할 수 있는 요인으로 작용한다.

베이(Bay)는 주거 공간에서 창문이 있는 외부 벽을 기준으로 나눈 단위를 의미한다. 베이의 수는 자연 채광과 환기에 중요한 영향을 미친다. 베이가 많을수록 더 많은 공간이 자연 채광을 받을 수 있고 환기가 잘 되어 거주 환경이 쾌적해진다. 또한 각 공간의 활용도가 높아지며 거주자의 주거 만족도도 높아진다. 이로 인해 베이가 많은 상품은 가치가 높아지는 경향이 크다. 따라서 설계 시 베이를 최대한 증가시키려는 노력이 필요하다.

1베이   2베이   3베이

1베이 구조는 1면에만 창문이 설치되어 있는 형태로 주로 하나의 공간 즉 거실 또는 침실에만 창문이 설치된다. 이 경우 자연 채광과 환기가 창문이 있는 공간에만 집중되어 다른 공간은 상대적으로 어둡고 환기가 잘되지 않는 단점이 있다.

2베이 구조는 2면에 창문이 설치되어 있는 형태로 일반적으로 거실과 한 개의 침실에 창문이 설치된다. 이 구조는 거실과 침실 모두 자연 채광과 환기가 가능해 주거 공간이 더 밝고 쾌적하며 이로 인해 공간 활용도가 높다. 또한 2면에 조망을 확보할 수 있어 주거 만족도도 향상된다.

3베이 구조는 3면에 창문이 설치되어 있는 형태로 거실과 두 개의 침실에 창문이 설치된다. 이 구조는 거실과 두 개의 침실 모두 자연 채광과 환기가 가능해 주거 공간이 더 밝고 쾌적하며 이로 인해 공간 활용도가 매우 높다. 또한 3면에 조망을 확보할 수 있어 주거 만족도도 2베이에 비해 더 크게 향상된다.

11강

선분양, 후분양

선분양은 디벨로퍼가 아직 건설이 시작되기 전에 또는 건설이 진행 중인 상태에서 부동산을 미리 분양하는 방식이고 후분양은 건설이 상당 부분 진행되었거나 완료된 후 부동산을 분양하는 방식이다.

구매자 입장에서 선분양의 장점은 매입 가격이 비교적 낮고 부동산 가치 상승을 기대할 수 있다는 점에서 후분양에 비해 유리하다. 하지만 실제 건물을 보지 못하고 분양받기 때문에 건설 지연이나 예상과 다른 결과물이 나올 리스크도 있다. 반면 후분양은 실제 건물을 직접 확인한 후 구입을 결정할 수 있어 투자 리스크가 낮다는 선분양에 비해 유리하다. 그러나 선분양 대비 가격이 높고 입주까지 기간이 짧아 짧은 기간 내에 분양금 전체를 마련해야 되기 때문에 자금 마련을 위한 부담이 크다.

　디벨로퍼는 선분양과 후분양 중 하나를 선택해야 한다. 향후 부동산 가격이 오를 것 같으면 후분양을 선택해서 사업 수익 증가를 추구하는 것이 바람직하고 경기 침체 등으로 장기간 분양시장이 안 좋을 것으로 예측되면 분양가를 좀 낮추더라도 자금 회수를 빨리 하기 위해 선분양을 선택하는 것이 바람직하다.

　후분양 시 PF와 관련하여 디벨로퍼가 고려할 사항이 있다. 후분양은 현재가 아닌 공사가 많이 진행된 시점에 분양하는 방식이므로 이를 PF 대출 기관과 시공사는 리스크로 볼 수 있어 후분양 요구를 거절할 수 있다. 또한 후분양을 한다 하더라도 분양 수입이 나중에 들어오기 때문에 PF 대출 이자가 높아지고 이자율이 오르며 후분양 리스크에 대한 수수료도 발생할 수 있다는 점을 유념해야 한다.

선 분 양		후 분 양
아파트 착공 시	분양 시기	공정률 60~80%일 때
분 양 자	자금조달 주체	부동산 디벨로퍼
계약금 - 중도금 - 잔금 분할 납부	분양자 자금 납부	일 시 불
불 가 능	실물 확인	가 능
늘 어 남	투기 가능성	줄 어 듦

12강

대지 지분

대지 지분은 여러 사람이 토지나 공동주택을 소유할 때 각자가 보유하는 토지의 비율을 의미한다. 토지를 매각할 경우 토지 매각 대금은 대지 지분 비율로 배분된다. 또한 재개발이나 재건축의 경우 대지 지분이 많을수록 더 큰 평수의 아파트를 제공받는다. 반면 대지 지분이 많을수록 재건축이나 재개발 시 비용 분담금도 증가하게 된다.

대지 지분은 각 단위 세대가 소유하는 토지의 크기를 정확히 파악하기 위해 필요하다. 대지 지분을 계산하기 위해서는 먼저 해당 건물이 위치한 총 토지 면적을 파악해야 하며 이는 부동산 등기부등본이나 토지이용계획확인원 등을 통해 확인할 수 있다. 다음으로 건물 내 각 단위 세대의 면적을 확인해야 하는데 이 면적은 건물 내에서 각 단위 세대가 독립적으로 사용하는 부분의 면적 즉 전용 면적으로 표기된다. 각 단위 세대의 전용 면적을 확인한 후 전체 전용 면적을 구하고 각 단위 세대의 전용 면적이 전체 전용 면적에서 차지하는 비율을 계산한다. 이 비율을 총 토지 면적에 적용하면 대지 지분이 산출된다.

예를 들어 총 토지 면적이 1,000㎡이고 단위 세대 A의 전용 면적이 100㎡, 단위 세대 B의 전용 면적이 200㎡, 단위 세대 C의 전용 면적이 100㎡일 경우 전체 건물의 총전용 면적은 400㎡이며 단위 세대 A의 전용 면적 비율은 0.25이다. 이 비율을 총 토지 면적에 적용하면 단위 세대 A의 대지 지분은 250㎡이다. 단위 세대 A의 대지 지분 계산식은 다음과 같다.

$$대지\,지분 = \frac{세대\,A의\,전용\,면적}{전체\,건물\,면적} \times 총\,토지\,면적 = \frac{100\,㎡}{400\,㎡} \times 1000\,㎡ = 250\,㎡$$

이 방식으로 각 단위 세대의 대지 지분을 계산함으로써 각 단위 세대가 토지에 대해 실제로 소유하고 있는 권리의 크기를 정확히 파악할 수 있다.

13강

분양불, 기성불

  시공 계약 시 공사비 지급 방식은 크게 기성불과 분양불로 나뉜다. 기성불 방식은 공사가 진행된 부분의 공사비를 지급하는 방식으로 공사의 진척률을 기준으로 비용을 지급한다. 예를 들어 공사 진행률이 30%일 경우 공사비의 30%를 지급한다. 이 방식의 장점은 공사의 진행 상황을 수시로 점검하여 지급하기 때문에 공사가 잘 되고 있는지를 지속적으로 관리할 수 있고 공사 지연 리스크를 감소시키며 시공사의 자금 유동성 문제도 완화하는 작용을 한다. 단점은 관리와 감독에 대한 부담이 크고 자주 발생하는 검사와 승인 과정으로 인해 관리 비용이 상승할 수 있다. 또한 공사 진행률 측정 오류로 인한 지급 오류의 가능성도 발생될 수 있다.

분양불 방식은 개발 프로젝트의 분양 수입을 통해 공사비를 지급하는 방식이므로 분양이 잘 돼야 공사비 지급이 원활하게 이루어질 수 있다. 이 방식은 분양금이 계속 유입되기 때문에 PF 대출 규모를 줄이거나 PF 대출 등 기 확보된 자금 지출을 지연시키는 강력한 장점이 있다. 그러나 분양 실패 시 공사 지연이나 중단의 위험이 커지며 공사비 지급 지연으로 인한 시공사의 자금난이 공사의 질 저하로 이어질 수 있다. 따라서 분양불 방식은 수익성 및 분양성이 우수한 개발사업지에서 주로 채택되어 진다.

　　디벨로퍼 입장에서는 개발사업지의 분양성이 좋을 경우 분양불 방식을 선택하는 것이 유리하다. 분양불 방식일 경우 PF 대출금에서 공사비 지급액의 상당 부분 줄어들어 대출이자와 수수료가 크게 감소하기 때문이다. 그러나 시공사는 분양불이 높을 경우 공사비를 높게 요구할 수 있으며 이때는 다른 시공사들과 경쟁을 통해 공사비를 낮추려는 노력이 필요하다. 이러한 두 가지 공사비 지급 방식은 그 장단점이 명확하므로 개발 프로젝트의 특성과 시장 상황, 자금 조달의 용이성 등을 고려하여 적절한 방식을 선택하는 것이 중요하다.

14강

용도지역

　개발사업에 있어서는 토지의 지목[14]보다는 용도지역의 파악이 중요하다. 지목은 현재 토지의 사용 상태를 나타내는데 토지주의 사용 상태가 바뀌면 지목도 그에 따라 변경이 가능하다. 그러나 용도지역은 정부 정책에 의해 지정되기 때문에 토지주가 변경하고 싶다고 변경되는 것이 아니다. 예를 들어 지목이 '전'에다 집을 지으면 '대'로 변경되지만 용도지역이 '생산 관리 지역'의 토지에 집을 짓는다 해서 '계획관리지역'으로 변경되지는 않는다.

　용도지역은 토지의 이용 방법, 건물의 용도, 건폐율, 용적률, 높

---

14) 지목은 전·답·과수원·목장용지·임야·광천지·염전·대(垈)·공장용지·학교용지·주차장·주유소용지·창고용지·도로·철도용지·제방(堤防)·하천·구거(溝渠)·유지(溜池)·양어장·수도용지·공원·체육용지·유원지·종교용지·사적지·묘지·잡종지 등 28개로 구분된다.

이 등을 규정하고 도시관리계획을 통해 공공복리를 증진하기 위해 설정된다.[15] 대한민국에서는 모든 지번마다 용도지역이 정해져 있어 해당 용도에 맞는 건축이 정해져 있다. 예를 들어 상업지역, 주거지역, 공업지역 등에서는 각각 상업 건물, 아파트, 공장 등의 건축이 정해져 있다.

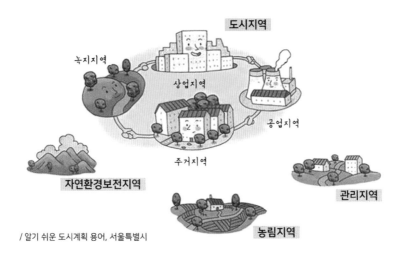

/ 알기 쉬운 도시계획 용어, 서울특별시

용도지역은 크게 도시지역, 관리지역, 농림지역, 자연환경보전지역으로 구분되며 도시지역은 다시 상업 지역, 공업지역, 주거지역, 녹지지역으로 세분화 된다. 그리고 관리지역은 다시 계획관리지역, 생산관리지역, 보전관리지역을 세분화 된다. 관리지역 중 계획관리지역은 개발이 수월하지만 생산관리지역이나 보전관리지역은 개발이 엄격히 제한된다. 따라서 디벨로퍼들은 관리지역 중

---

15) 국토의 계획 및 이용에 관한 법률 제2조 16.

주로 개발이 용이한 계획관리지역을 선호한다.

용 도 지 역				국토계획법 시행령		서울시조례		
				건폐율	용적률	건폐율	용적률	
도시지역	주거지역	전용 주거지역	제1종	50	100	50	100	
			제2종	50	150	40	120	
		일반 주거지역	제1종	60	200	60	150	
			제2종	60	250	60	200	
			제3종	50	300	50	250	
		준주거지역		70	500	60	400	
	상업지역	중심상업지역		90	1500	60	600	4대문500
		일반상업지역		80	1300	60	600	4대문500
		근리상업지역		70	900	60	1000	4대문600
		유통상업지역		80	1000	60	800	4대문600
	공업지역	전용공업지역		70	300	60	200	
		일반공업지역		70	350	60	200	
		준공업지역		70	400	60	400	
	녹지지역	보전녹지지역		20	80	20	50	
		생산녹지지역		20	100	20	50	
		자연녹지지역		20	100	20	50	
관리지역	계획관리지역			40	100			
	생산관리지역			20	80			
	보전관리지역			20	80			
농림지역				20	80			
자연환경보전지역				20	80			

/ 서울특별시 도시계획과

용도지구는 용도지역의 제한을 보완하기 위해 지정되며 특정 지역의 건물 용도, 건폐율, 용적률, 높이 등에 관련된 제한을 조정할 필요가 있을 때 추가로 지정된다. 예를 들어 고도지구는 건축물의 높이를 제한하여 도시의 미관을 보호하고 주거 환경의 질을 향상시키는 데 목적이 있다.

용도구역은 도시 및 국토의 체계적 이용을 촉진하고 특정 지역의 환경 보호나 주거 환경의 질 향상, 산업 발전, 교통 접근성 개선을 위해 설정된다. 개발제한구역(그린벨트), 시가화조정구역, 수자원보호구역 등이 이에 해당한다.

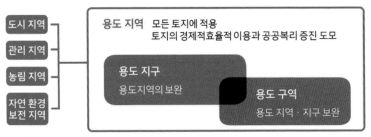

/ 서울특별시 도시계획과

용도지역, 용도지구, 용도구역에 관한 정보는 디벨로퍼가 개발사업을 하는 데 매우 중요한 요인이 된다. 따라서 개발사업지 검토 시 지방자치단체의 조례를 참고하여 정확히 정보를 파악하는 노력이 필요하다.

15강

지구단위계획구역

　지구단위계획은 특정 도시나 군의 일부 지역의 토지이용을 합리화하고 기능을 증진시키며 미관을 개선하고 양호한 환경을 확보하기 위해 수립된 도시·군관리계획이다. 요약하면 이 계획은 효율적인 개발을 유도하고 난개발을 방지하는 목적으로 마련된 규정이다.

　하나의 사례로 잠실지구단위계획구역은 서울에서 주요 비즈니스와 주거지역 중 하나로 롯데월드타워, 석촌호수, 올림픽공원 등 중심 상업 및 관광지를 포함한다. 이 지역은 잠실 일대의 토지이용과 도시 환경의 질을 높이기 위해 특별히 계획되었으며 주거, 상업, 문화 및 레저 기능을 조화롭게 배치하여 고층 건물과 고급 아파트, 상업 시설들이 집중되도록 계획되었다. 또한 한강 인접

지역의 경관 개발도 중요한 계획 부분이다. 이 계획구역 내에서는 개발 방향, 환경, 교통, 주거 생활의 질과 관련된 규제가 적용되며 건축 관련 인센티브로 용적률 상향, 건물 높이 제한 완화 등이 제공된다.

또 하나의 사례로 서울시 강남구 삼성동 일대에서는 지구단위계획을 통해 대규모 개발을 유도했다. 이 지역에서는 주거 및 상업 복합 개발을 촉진하기 위해 용적률 상향 조정 인센티브를 제공하여 디벨로퍼와 투자자를 유인하고자 하였다. 예를 들어 '래미안 라클래시' 아파트 단지 개발 프로젝트에서는 용적률을 기존보다 높여 더 많은 주거 공간과 상업 시설을 건설할 수 있었으며 이는 지역 경제 활성화와 도시 환경 개선에 기여했다. 그뿐만 아니라 세제 혜택을 통해 개발 비용을 줄일 수 있도록 하였다. 이러한 지구단위계획은 참여 디벨로퍼들에게 토지의 효율적 사용을 가능하게 하여 전체적인 개발 비용을 줄이고 사업 수익률을 높이는 데 큰 도움을 주었다.

디벨로퍼들은 검토 중인 개발사업지가 지구단위계획구역 안에 있는지 확인할 필요가 있다. 확인 결과 지구단위계획구역에 속해 있으면 지구단위계획의 내용을 파악하여 사업성에 유리한지 불리한지 유리하다면 어느 정도 유리한지를 따져봐야 한다. 상당히 유리한 내용이라면 적극적인 검토가 필요하다.

제3장

개발사업지 발굴

16강

개발사업지 발굴 루트 만들기

    개발사업을 해야 하는 디벨로퍼 입장에서는 개발사업지 발굴 루트부터 잘 만들어 놓아야 한다. 토지 면적이나 사업 규모에 따라 개발사업지 발굴 루트를 다르게 하는 것이 좋은데 우선 꼬마빌딩을 짓기 위한 작은 규모의 토지는 기존의 다양한 부동산 플랫폼에서 풍부한 정보를 제공하고 있다.[16] 대부분의 플랫폼은 사용자가 지역, 가격대, 면적 등의 조건을 설정하여 특정 토지를 검색할 수 있게 해준다. 검색 결과로 나타난 토지의 상세 페이지에서는 위치, 주변 시설 정보, 지역개발계획 등이 제공된다. 이러한 방식으로 작은 규모의 토지 정보들을 통해 디벨로퍼는 꼬마빌딩

---

16) 꼬마빌딩을 짓기 위한 개발사업지 정보를 제공하는 플랫폼으로는 직방, 다방, 네이버, 방콜, kb부동산리브온 등 다양하다.

개발의 가능성을 평가하고 토지 매입 결정을 내릴 수 있다. 이처럼 부동산 플랫폼은 꼬마빌딩을 짓기 위한 토지를 찾는 데 매우 유용하게 활용될 수 있다.

큰 규모의 개발사업지 발굴은 플랫폼에서 해결되기 어렵다. 이 경우 토지 거래를 전문으로 하는 브로커들을 알고 지내면 수월해진다. 이러한 브로커들은 중개법인, 중개사무소, 또는 개인일 수 있으며 특정 지역에 국한되지 않고 전국적으로 개발사업지를 소개하기도 한다.

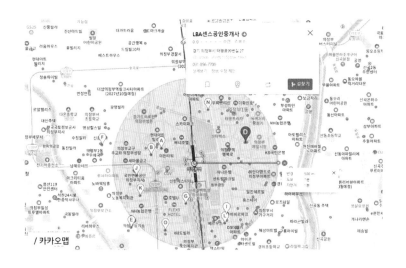

/ 카카오맵

브로커는 다음과 같이 발굴할 수 있다. 예를 들어 특정 GTX역 반경 500m 이내에서 300평 이상의 개발할 토지를 찾는다고 하자. 우선 지도 검색창에 들어가서 특정 GTX 역을 검색하면 위와 같은 지도가 나타난다. 그리고 이 지도에서 '중개사무소'를 검색하면 중개업소들이 붉은 점들로 표시된다. 그리고 GTX 역을 중심으로 반경 500m 이내의 원을 그린 다음 그 원 안에 있는 붉은 점들을 하나하나 클릭하면 중개업소의 주소와 연락처를 확인할 수 있다. 이를 정리한 후 각 중개업소에 연락해서 FAX와 이메일, 핸드폰 번호를 알아낸 다음 위와 같

은 〔개발사업지 소개 요청〕 자료를 보낸다. 그러면 그 지역의 부동산들이 연락을 해온다. 이러한 접근 방식은 지속적인 정보 수집을 가능하게 하며 토지 개발에 필요한 중요한 자원을 확보하는 데 큰 도움이 된다.

사업지를 발굴하는 또 하나의 방식으로 디벨로퍼 회사에서 특정 요구 사항에 적합한 앱을 개발하여 사용하기도 한다. 예를 들어 준공된 지 40~50년 된 연립주택지를 찾는다고 하자. 이러한 목적에 적합한 앱을 만들어 대상 지역, 토지 면적, 세대수, 입주 연도 등 다양한 조건을 입력하면 해당 조건에 맞는 연립주택의 이름, 주소, 토지 면적, 건축 연도, 총 세대수 등의 정보를 바로

받아볼 수 있다. 이처럼 앱을 통한 개발사업지 발굴은 매우 적은 비용으로 짧은 시간에 정확한 정보를 받아 볼 수 있어 다른 개발사업지 발굴 루트에 비해 매우 경제적이고 효율적이라 할 수 있다.

17강

전면만 도로에 붙은 토지는 버려라

　나는 매주 브로커로부터 수십 건에 이르는 개발사업지 소개 정보를 받는다. 이 중 80~90%는 적합하지 않아 보자마자 바로 버리는데 그 버려지는 이유는 사업성보다는 분양성이 나빠서이다. 아무리 수익성이 좋다 하여도 분양이 안 되면 사업은 힘들어진다.

　다음 지도의 1번부터 5번까지 토지 중 분양성이 좋은 개발사업지를 골라보자. 1번과 2번 토지는 매우 유망한 개발사업지로 평가할 수 있다. 이들 토지는 대로에 길게 접해 있으며 1층 전면에 상가를 배치할 수 있는 이상적인 조건을 갖추고 있다. 상가 위에 공동주택이나 오피스텔을 건축할 경우 주변 건물과의 시선이 충돌되지 않아 분양과 임대가 쉬울 뿐 아니라 이로 인해 높은 수익도 기대할 수 있다.

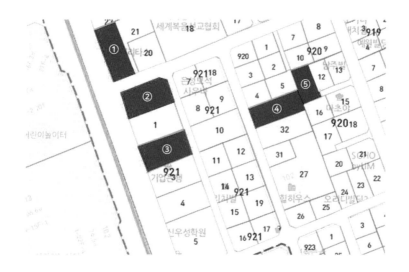

　반면 3번에서 5번까지 토지는 도로에 접한 면이 짧아 이로 인해 상가 설치가 제한적이어서 상업적 가치가 낮다. 또한 공동주택이나 오피스텔을 건축하여 분양이나 임대할 경우 개발사업지가 좌우 토지에 끼어 있어 창을 내게 되면 시선을 마주하게 될 수도 있는데 시선 차단을 위해 가림막을 설치하기도 한다. 이런 이유로 분양성이 매우 떨어지고 그 결과 수익성까지 함께 나빠지게 된다.

　예를 들어 몇 년 전 특정 지역에서 개발사업지로 추천받은 토지가 있었다. 해당 토지는 대로와 접한 면이 짧고 주변에 이미 높은 건물들이 많아 분양성에 의문이 들었다. 실제로 현장을 방문해보니 모든 창이 인접 건물과 마주보고 있었다. 결국 그 사업지를 개발한 디벨로퍼는 분양에 어려움을 겪었고 예상했던 수익을 내지 못했다.

18강

팔 이유가 없는 토지는 버려라

도로변 코너에 위치하고 전철역까지의 접근성이 우수한 상가 토지가 매물로 나오면 디벨로퍼는 큰 관심을 갖게 된다. 이러한 위치의 토지는 저층에 상업 공간을 배치하고 그 위에 공동주택이나 오피스텔을 건축할 경우 높은 분양가를 책정해도 충분한 수요를 확보할 수 있기 때문이다.

그러나 이런 우수한 입지와 특성을 갖춘 토지가 매물로 나오면 무엇보다 중요한 것은 토지주가 실제로 매각할 의사가 있는지부터 확인할 필요가 있다. 왜냐하면 아무리 좋은 토지라 하더라도 토지주가 팔 이유가 없으면 그 토지를 매입할 수 없기 때문이다.

하나의 사례로 토지주를 알아봤더니 한두 명이 아니라 다수인 경우가 있었다. 그 이유를 알아봤더니 원래의 토지주가 사망하여 상속인들이 새로운 토지주가 되었던 것이다. 이런 경우에는 상속인들이 토지를 매각할 가능성이 매우 높다. 왜냐하면 상속인들이 상속세 마련을 해야 하기 때문이다. 그리고 상속인이 다수이어서 그중 한 사람이 상속받은 토지를 단독으로 개발할 수도 없다. 이러한 이유 때문에 상속인들은 토지를 현금화하여 상속세를 내고 각자의 몫을 나누는 것을 선호한다. 이런 토지는 상속세 납부와 현금화의 필요로 인해 매각할 이유가 충분히 생긴다. 이때는 가격을 흥정하여 깎는 것도 가능하다.

또 하나의 사례로 현장을 방문했더니 상가 대부분이 비어 있었다면 임대 수익이 낮아 토지주가 매각할 가능성이 크다. 그리고 등기부등본을 떼봤더니 근저당 설정액도 높고 여러 채권이 설정되어 있다면 토지주는 임대 수익으로 대출 이자조차 충당하기 어려운 상황일 수 있다. 이럴 때 토지주는 재정적 압박을 느낄 가능성이 크므로 적절한 흥정을 통해 토지를 비교적 쉽게 매입할 수 있다.

또 다른 사례로 매물 현장에 나가봤더니 상가의 공실이 전혀 없고 장사도 잘 되고 있었다. 이런 토지는 임대 수입이 높아 토지주가 굳이 매각할 이유가 없다. 이런 토지가 매물로 나온다고 해도 실제로 매각할 가능성은 매우 낮다.

따라서 매각할 이유가 없는 토지는 토지가 아무리 탐이 나도 그냥 버리는 것이 좋다. 시간 낭비일 뿐이다. 그 대신 매각할 이유가 분명하게 있는 토지에 집중하는 것이 바람직하다.

19강

상가 비율이 높은 토지는 버려라

일반적으로 상업 지역에서는 개발할 때 아파트나 도시형 생활 주택과 같은 주거 상품을 공급할 수 있는데 이때는 반드시 일정 비율의 상가를 포함하게 되어 있다.

그런데 상가 비율이 높으면 PF 대출에 큰 걸림돌이 될 수 있다. 왜냐하면 PF 대출금은 분양이 잘 돼야 원활하게 회수할 수 있는데 일반적으로 상가는 주거 상품에 비해 분양성이 현저히 낮기 때문이다. 따라서 상가가 많을수록 PF 대출 기관은 주거 상품에 비해 대출금을 현저히 낮추거나 대출 자체를 거절하는 경우가 많다.

디벨로퍼가 개발사업을 안정적으로 진행하려면 PF 대출을 넉넉하게 받는 것이 유리하다. 왜냐하면 PF 대출금이 적으면 분양이 잘되지 않아 추가적인 홍보나 광고가 필요할 때 디벨로퍼가 자금 마련을 위해 애를 먹기 때문이다.

PF 대출을 넉넉하게 받기 위해 디벨로퍼는 최대한 상가 비율을 낮추고 주거 비율을 높여야 하는데 토지마다 법적으로 정해진 주상 비율이 다르기도 하고 아예 주거 상품을 넣지 못하게 정해져 있는 경우가 있는가 하면 주거 비율을 높이면 높일수록 용적률을 떨어트리는 개발사업지도 있다. 따라서 개발사업지를 검토할 때 상가 비율이 높거나 주거 비율을 높일 때 용적률이 떨어지는 토지는 버리는 것이 좋다.

또한 상가를 대신하여 오피스텔을 공급할 수 있는지도 확인할 필요가 있다. 어떤 토지는 법적으로 상가 대신 오피스텔을 공급할 수 있게 되어 있는가 하면 어떤 토지는 아예 오피스텔을 넣지 못하는 경우도 있다. PF 대출 기관은 일반적으로 상가보다 오피스텔을 선호한다. 왜냐하면 일반적으로 오피스텔의 분양성이 상가에 비해 좋기 때문에 PF 대출 기관에서는 일반적으로 대출금을 상가보다 오피스텔을 높게 책정하기 때문이다. 따라서 토지를 검토할 때 상가 대신 오피스텔을 많이 공급할 수 있는 토지인지 확인할 필요가 있다.

따라서 디벨로퍼는 건축설계사무소에 가설계를 의뢰할 때 최대한 주거 상품을 넣어달라고 요청해야 한다. 그리고 이어 상가를 최대한 오피스텔로 대체해달라고 요청하는 것이 바람직하다.

20강

전세가율이 낮은 토지는 버려라

　나는 수업에서 수강생분들에게 전세가율이 낮은 토지는 버리라고 가르친다. 전세가율이란 매매가격에서 전세가격이 차지하는 비율을 의미한다. 예를 들어 매매가격이 10억 원인 아파트의 전세가격이 7억 원이면 전세가율은 70%이다. 이 비율은 동네마다 다르고 같은 단지 내에서도 평형에 따라 다양하다. 만약 어떤 디벨로퍼가 마음에 드는 개발사업지를 찾아 그 지역의 아파트 전세가율을 조사했더니 작은 평형은 전세가율이 90%를 넘는데 비해 큰 평형은 50%에 불과하다면 디벨로퍼는 전세가율이 높은 소형 아파트로 개발하는 것이 바람직하다.

　경기가 좋을 때 많은 디벨로퍼들이 전세가율의 높고 낮음에 상관없이 주로 큰 평형대의 아파트를 짓는다. 이는 경기 호황 기간에는 큰 평형의 아파트도 분양이 잘 되기 때문이다. 큰 평형의 아파트를 선호하는 이유 중 하나는 소형 아파트에 비해 평당 공사비가 적게 들기 때문이다. 또한 세대수가 적어지면 필요한 주차 대수도 줄어들고 이에 따라 주차장 면적이 감소하여 공사비를 상당히 절감할 수 있다.

개발사업은 시장 조사부터 분양까지 보통 1~2년이 걸리는데 처음에 경기가 좋았더라도 분양 시점에서 상황이 달라져 분양이 어려워질 수도 있다. 그런데 전세가율이 높은 평형은 불경기일 때에도 비교적 타격이 적다. 전세가율이 낮은 평형은 할인해도 분양이 잘 안되지만 전세가율이 높은 평형은 조금만 할인해도 분양이 잘 된다. 그리고 미분양이 생기더라도 전세가율이 높은 평형대는 준공 후 전세를 놓아 부채를 해결하고 위기를 모면할 수 있으나 전세가율이 낮은 평형은 전세를 놔서 부채를 다 해결하기 어려울 수 있다.

그런데 전세가율이 높다고 무조건 분양이 잘 되는 것은 아니다. 불경기 때 높은 주택 담보 대출 이자 부담으로 분양을 받지 못하고 전세를 사는 수요가 많아지는데 이 때 전세가율이 높아지는 경우가 있다. 또한 특수한 지역 여건으로 인해 전세가율이 높은 경우가 있다. 예를 들어 산업단지 근처에서 일하는 사람들은 본가를 대도시에 두고 산업단지 근처에 전세로 거주하는 경우가 많다. 이런 경우 전세가율이 100%를 넘기도 한다. 이러한 이유로 전세가율이 높은 경우에는 분양이 잘 안될 수 있으므로 개발사업지 검토 대상에서 빼는 것이 좋다.

21강

자주 주차 비율이 높은 토지는 버려라

디벨로퍼들은 개발사업지를 검토할 때 어떤 건물 유형을 공급할 수 있는지 그 건물 유형을 선택했을 때 몇 대의 주차 대수를 확보해야 하는지를 확인해야 한다. 그리고 자주 주차 대 기계 주차 비율도 확인하는 것이 좋다.

건물 유형에 따라 넣어야 할 주차 대수 차이가 크게 달라진다. 예를 들어 아파트의 경우 단위 세대당 0.8대의 주차 대수를 확보해야 하지만 임대형 기숙사의 경우 200㎡ 당 1대만 확보하면 된다. 따라서 임대형 기숙사로 개발할 경우 아파트에 비해 훨씬 적은 주차 대수를 확보해도 된다. 주차 대수를 적게 넣어도 된다는 것은 그만큼 주차장 공사비가 절감된다는 말과도 같다.

건물 유형	주차 대수
일반공동주택 (APT)	세대당 0.8대 (30㎡ 이하 0.5대)
APT / 다가구주택 / 오피스텔	세대(호실)당 1대 (30㎡ 이하 0.5대, 60㎡ 이하 0.8대)
소형주택 (도시형생활주택)	세대당 0.6대 (30㎡ 이하 0.5대, 조건 충족 시 0.4대)
생활형 숙박시설	134㎡당 1대
고시원	134㎡당 1대
다중주택	150㎡당 1대
임대형 기숙사	200㎡당 1대

/ 서울특별시 주차장 설치 및 관리조례 [별표2] 등

자주 주차 대 기계 주차 비율도 잘 따져봐야 한다. 자주 주차 비율이 높다면 기계 주차에 비해 주차장 면적을 많이 확보해야 한다. 특히 작은 토지에서는 한 층에 배치할 수 있는 주차 대수 가 적어 법정 주차 대수를 충족시키기 위해 더 깊이 지하층을 파 야 한다. 이는 주차장 공사비를 크게 증가시키는 원인이 된다. 이 로 인해 사업성이 안 나오거나 낮아질 수 있다.

내가 아는 어떤 디벨로퍼는 사업성이 낮은 오피스텔 개발사업 부지를 인수하여 생활형 숙박시설로 변경하여 큰돈을 벌었다. 이 렇게 큰 수익을 얻게 된 이유는 생활형 숙박시설이 오피스텔에 비해 주차 대수를 훨씬 적게 공급할 수 있어 공사비에서 상당히 절감되었기 때문이다. 또한 그 당시 오피스텔에 설치할 수 없는 발코니를 생활형 숙박시설에 설치하여 분양가를 올린 것도 하나 의 요인이 되었다.

22강

층수나 높이 제한이 심한 토지는 버려라

사업지를 검토하다 보면 건축 가능한 층수나 높이에 제한이 걸려있는 경우들이 왕왕 있다. 이렇게 제한이 걸려있으면 법적으로 확보할 수 있는 용적률을 다 확보하지 못하게 되는데 이에 따라 사업 수익이 현저히 낮아질 수 있다. 예컨대 용적률은 500%인데 높이 제한으로 인해 건축 층수가 5층까지만 가능하게 되어 실제 용적률은 300%밖에 찾을 수 없다면 아무리 가설계를 수십 번 돌려 수익성을 개선하려고 해도 당초 기대한 수익성이 안 나올 확률이 높다. 그런데 토지주들은 이런 상황을 모른 채 높은 토지 가격만을 고수하는 경우가 많다. 결과적으로 층수나 높이 제한이 있는 토지는 빨리 포기하는 것이 좋다.

2종 일반 주거 지역 중에서 층수 제한이 특히 엄격한 사례로는 종로구와 성북구의 일부 지역을 들 수 있다. 이 지역들은 전통적이면서 역사적인 건축물이 많아 이러한 특성을 유지하기 위해 역사적 보존과 도시 경관 보호 정책에 따라 건축 층수를 평균적으로 3층에서 4층으로 엄격하게 제한하고 있다. 김포공항 인근 지역도 항공 안전을 위해 건축 높이가 매우 엄격하게 제한되어 있다. 특히 공항의 직접 비행 경로에 위치한 지역들은 3층 이하로 건축 층수가 제한되어 왔다.

반면 2종 일반 주거 지역 중에서 층수가 매우 높은 사례도 있다. 서울 강남구의 일부 2종 일반 주거 지역에서는 최대 15층까지 건축이 허용되는 경우도 있다. 이러한 층수 완화 조치로 인해 해당 지역의 개발이 촉진되고 도심 밀도가 높아지며 더 많은 주거 및 상업 공간을 확보할 수 있게 되었다. 이는 주거 공간의 다양화와 상업적 기회를 증가시키는 효과를 가져다 준다. 또한 층수 제한 완화는 건폐율을 낮추고 단지의 환경을 개선하며 단위 세대의 구조나 면적을 향상시키는 요인으로 작용한다. 이러한 효과는 분양성을 높이고 수익성을 향상시키는 데 기여한다. 따라서 디벨로퍼들은 층수나 높이를 완화해 주는 개발사업지를 적극적으로 검토할 필요가 있다.

23강

토지는 클수록 좋다

큰 토지는 여러 장점이 있다. 큰 토지는 작은 토지에 비해 일반적으로 평당 가격이 낮다. 이는 큰 토지에 대한 수요가 상대적으로 적기 때문에 발생하는 현상이다. 예컨대 100평 규모의 토지에 대한 수요는 많지만 500평이 되면 수요가 급감한다. 또한 작은 토지는 토지 자체의 가격 외에 입구까지 도로를 연결하는 비용도 포함되어 있어서 상대적으로 비쌀 수밖에 없다. 예컨대 큰 토지를 작게 나누어 매각한다고 할 때 각 토지마다 도로를 연결해줘야 한다. 그러면 토지 면적에서 도로 면적이 제외되기 때문에 실제 사용 가능한 토지 면적이 줄어들고 그 결과 토지의 평당 가격은 상승하게 된다.

큰 토지에 건물을 건축할 경우 같은 용적률일 때 더 큰 규모의 건물을 건축할 수 있고 건축 규모가 커지면 평당 공사비가 낮아지며 평당 설계비, 인허가비, 감리비 등도 같이 낮아진다. 또한 큰 규모의 개발 프로젝트는 1군 브랜드 시공사의 참여를 유인할 수 있고 이는 분양성을 높이는 요인이 될 수 있다. 또한 큰 토지에서는 건물 배치가 잘 나오게 설계할 수 있으며 단위 세대 공간도 효율성을 높일 수 있다. 이 또한 분양성을 높이는 요인이 된다.

예를 들어 서울 송파구에 위치한 '헬리오시티'는 대규모 토지에 지어진 대표적인 사례다. 이 개발 프로젝트는 약 9,510세대로 구성된 대단지 아파트로 큰 규모 덕분에 평당 공사비와 설계비를 절감할 수 있었고 1군 브랜드 시공사들이 참여하여 분양성이 크게 높아졌다. 또한 넓은 부지 위에 다양한 배치와 설계를 통해 단위 세대의 효율성을 극대화함으로써 입주민들에게 높은 만족도를 제공하고 있다. 이러한 점들이 헬리오시티의 성공적인 분양에 크게 기여하였다.

하지만 큰 토지를 개발할 경우 단점도 있다. 큰 토지는 많은 에쿼티가 투입되고 인허가 과정이 길고 복잡하다. 예컨대 일정 규모 이상의 개발 프로젝트는 건축 허가만으로 충분하지 않고 사업 승인을 받아야 하는데 이 과정에서 환경영향평가, 교통영향평가, 경제적 타당성 분석 등 다양한 심의를 통과해야 한다. 이런 부담을 극복하기 위해 여러 디벨로퍼들이 모여 공동으로 개발사업을 진행하기도 한다.

예를 들어 인천 송도국제도시의 '송도 랜드마크 시티' 개발 프로젝트는 대규모 토지 개발의 대표적인 사례다. 이 개발 프로젝트는 초기 단계에서 많은 에쿼티 투입이 필요했고 복잡한 인허가 절차를 거쳐야 했다. 환경영향평가, 교통영향평가 등 다양한 심의를 통과해야 했으며 경제적 타당성 분석도 필수적이었다. 이러한 부담을 극복하기 위해 여러 디벨로퍼들이 컨소시엄을 구성하여 공동으로 사업을 추진했다. 이로 인해 자금 부담을 분산시키고 각기 다른 전문성을 활용하여 인허가 과정을 보다 효율적으로 진행할 수 있게 되었다.

24강

서비스 면적이 주어지는 토지가 좋다

　건물 유형에 따라 법적으로 허용된 면적 외에 서비스로 주어지는 발코니를 추가로 설치할 수 있다. 이는 디벨로퍼에게 수익성을 크게 향상시키는 기회를 제공한다.

　다음 도면은 어느 개발사업지의 분양 중인 도시형 생활주택과 오피스텔의 단위 세대 아이소 도면[17]이다. 도시형 생활주택의 경우 전용 면적 18㎡에 발코니 4㎡를 추가하면 실제 사용 가능한 내부면적은 22㎡이다. 반면 발코니가 없는 오피스텔의 경우 발코니 면적은 없고 전용 면적만 22㎡로 도시형 생활주택이나 오피스텔 모두 단위 세대 면적이 같지만 전용 면적은 도시형 생활주택

---

17) 아이소는 아이소메트릭의 줄임말로 도면에 3차원적인 형태를 2차원 평면에 나타내는 것을 의미한다.

이 오피스텔에 비해 4㎡ 작다. 따라서 오피스텔 대신 도시형 생활 주택을 많이 건축하게 되면 전용 면적이 많이 세이브 되는데 이 세이브 되는 면적을 활용해서 세대수를 상당히 늘일 수 있다.

/ 경산하양파인앤유더퍼스트

도시형 생활주택 / 전용 면적 18㎡   오피스텔 / 전용 면적 22㎡
(A)   (B)

지방자치단체에 따라 상업 지역에 공동주택 건설을 허용하지 않고 오피스텔 건설만 허용하는 곳도 있다. 이런 경우 발코니 면적을 추가할 수 없어 공동주택보다 상대적으로 수익성이 낮아지게 된다. 또한 다른 지방자치단체는 용적률과 주거 비율을 연동하게 하여 주택을 증가시키면 용적률이 하락하여 수익성이 감소되는 역효과가 발생한다. 이러한 개발에 제약이 붙어있는 토지를 만났을 때 그 토지에 대한 검토를 과감하게 포기하는 것이 바람직하다.

25강

용적률 상승 인센티브가 많은 토지가 좋다

용적률에는 3가지가 있다. 기준 용적률, 허용 용적률, 상한 용적률이 있다. 허용 용적률과 상한 용적률은 기준 용적률에 특정 조건을 충족시켜 용적률의 비율을 높인 것이다.

예를 들어 개발사업지가 지구단위계획구역에 속해 있을 때 디벨로퍼가 개발사업지의 일부를 공원·녹지·도로와 같은 공공용지로 제공할 경우 용적률을 허가 기준보다 높게 받을 수 있다. 또한 건물을 신축할 때 에너지 효율 1등급 또는 녹색건축인증 최우수 등급을 받으면 최대 15%의 용적률을 더 받을 수 있다. 한편 국토교통부는 2022년 8월 발표한 '주택 250만호+α 공급계획'을 통해 신축 아파트의 경우 바닥 슬래브 두께를 현재 기준(210㎜ 이상)에서 300㎜로 시공할 경우 용적률을 5% 가량 높여 주기로 했다. 이처럼 기준 용적률에 특정 조건을 갖추어 인센티브를 더 받을 수 있는데 인센티브를 어디까지 받느냐에 따라 허용 용적률과 상한 용적률로 나뉜다. 상한 용적률은 허용 용적률에 개발사업지의 일부를 기부채납[18]했을 때 주어지는 용적률 정도로만 알아두면 될 것 같다.

---

18) 기부채납이란 건축주인 디벨로퍼가 개발사업지의 일부를 공원·광장·도로 등의 공지로 제공하거나 설치 조성하여 제공하는 경우를 의미한다.

검토 중인 개발사업지의 허용 또는 상한 용적률을 대충 알고 싶다면 주변의 최근 1~2년 사이에 지어진 건물들의 용적률을 조사하면 된다. 먼저 개발사업지 현장을 방문해서 근처에 있는 신축 건물들의 주소를 찾아 기록한다. 그다음 토지이음(www.eum.go.kr)에 접속해 해당 신축 건물의 주소를 입력하고 검색 버튼을 누른다. 그러면 화면이 나타나는데 그 화면에서 좌측 하단의 [건축물 정보] 버튼을 클릭한다. 이 버튼을 클릭하면 건축물의 용적률이 포함된 상세 정보 화면이 나타난다. 여기서 현재 건물의 용적률을 확인할 수 있다. 이렇게 확인된 용적률을 모아서 비교해보면 가장 높은 용적률이 상한 용적률일 것으로 추측하면 된다.

서울특별시 광진구 화양동 3-22 (도로명 주소 : 서울특별시 광진구 능동로 141)

공시지가/실거래가	토지이력·특성	건축물정보

※ 해당 자료는 참고자료로서 법적 효력이 없으며, 자세한 사항은 건축물대장을 통해 확인하여 주시기 바랍니다.

소재지	서울특별시 광진구 화양동 3-22 (도로명 주소 : 서울특별시 광진구 능동로 141)						
대장종류	건물명		건물동명		주용도		
일반건축물(주건축물)	효성				근린생활시설, 업무시설		
건축물정보	건축면적(㎡)	연면적(㎡)	용적률산정용 연면적(㎡)	건폐율 (%)	용적률 (%)	사용 승인일자	
	196.5	988.2	780.25	45.38	180.2	1989-12-08	
	구분	층별	구조	용도			면적(㎡)
층별현황	지하	지하1층	철근콘크리트조	근린생활시설(다방)			207.95
	지상	1층	철근콘크리트조	주차통로			51.55
	지상	1층	철근콘크리트조	근린생활시설(슈퍼마켓)			139.2
	지상	2층	철근콘크리트조	근린생활시설(음식점)			196.5
	지상	3층	철근콘크리트조	근린생활시설(탁구장)			196.5
	지상	4층	철근콘크리트조	예능계강습소			196.5

현장을 방문하지 않고 디스코(www.disco.re)에 접속해 개발사업지의 허용 또는 상한 용적률을 대충 알아낼 수도 있다. 디스코에 접속한 후 내가 조사할 토지의 주소를 입력한 후 나타나는 지도에서 [노후도]를 클릭하면 위 그림처럼 바둑판 모양으로 구획된 토지들이 바둑판처럼 펼쳐진다. 이 중에서 화이트에 가까운 블록은 최근에 준공된 건물이 들어서 있는 필지이고 블랙에 가까운 블록은 노후도가 심한 오래된 건물이 들어서 있는 필지들이다.

내가 조사할 토지의 인근 화이트 블록을 클릭한 후 오른쪽 상단에서 [건물]을 클릭하고 페이지를 아래로 스크롤 하면 용적률 정보와 사용승인일이 표시된다. 이렇게 인근 화이트 블록을 조사하여 기록하다 보면 가장 높은 용적률이 상한 용적률일 것으로 추측할 수 있다. 좀 더 정확한 허용 또는 최대 용적률을 알고 싶다면 건축사 사무소에 문의하는 것이 좋다.

26강

평지보다 경사지가 좋다

사업성 측면에서 때때로 경사지가 평지보다 유리할 수 있다. 법적으로 경사지는 높은 쪽에 위치한 토지를 1층으로 간주하고 낮은 쪽의 토지는 지하층으로 분류한다. 이 규정은 경사지에서 건축 계획을 세울 때 반드시 고려해야 할 중요한 포인트이다.

용적률을 계산할 때는 지상층만 고려되므로 외부에 노출된 지하층은 용적률 계산에 포함되지 않아 추가 건축이 가능하다. 이는 실질적으로 용적률을 높이는 효과를 가지며 연면적당 토지 가격을 낮추는 결과를 가져온다. 이로 인해 사업 수익 또한 증가한다.

경사지 각도가 완만할 때(A)보다 급할수록(B) 토지의 단차가 커져 경사지 각도가 완만할 때보다 노출된 지하층을 더 공급할 수 있다. 또한 토지의 폭이 좁을 때(C)보다 넓을 때(D) 단차가 커져 토지 폭이 좁을 때보다 노출된 지하층을 더 공급할 수 있다.

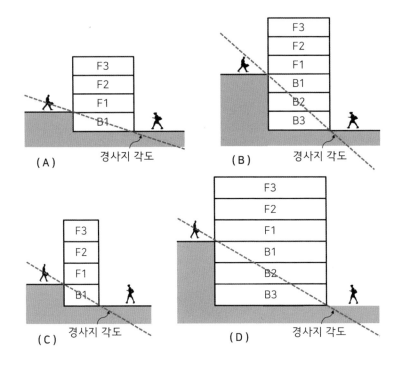

이렇게 단차가 큰 토지나 폭이 넓은 토지는 단차가 낮거나 폭이 좁은 토지에 비해 노출된 지하층을 여러 층 추가할 수 있고 이로 인해 사업 수익이 증가하므로 경사지를 검토할 때는 이런 점들을 감안하여 검토하는 것이 바람직하다.

27강

북쪽에 도로가 붙은 토지가 좋다

일조권은 주거 환경에서 햇빛이 중요한 역할을 하는 것을 인정하고 주변 건물로 인해 햇빛이 가려지는 것을 방지하기 위해 마련된 법적 권리다. 이 권리는 햇빛이 주거 환경에 미치는 긍정적인 영향을 보호하기 위해 도입되었으며 주거의 질을 높이고 건강한 생활 환경을 유지하는 데 필수적인 요소로 간주된다.

전용 주거 지역과 일반 주거 지역에서 건축되는 건물의 높이는 일조권을 확보하기 위해 특정 규제를 따라야 한다. 이 지역에서 건축물은 정북 방향으로 인접한 대지 경계선으로부터 최소한 일정 거리를 유지하면서 지어져야 한다. 건물의 높이가 높아질수록 이격 거리는 더 멀어진다.

예를 들어 주택법에 의하면 건물의 층 높이가 3m일 경우 9m 이상인 4층부터는 건물의 각 높이 부분을 대지 경계선에서 최소

1/2 이상 이격해서 지어야 하고 9m 미만인 경우에는 최소 1.5m 이격해야 한다(A). 일조권 사선제한으로 인해 건물의 상층부가 하층부보다 후퇴하도록 설계되어야 하기 때문에 4층 이상의 건물은 일반적으로 계단 모양의 외형을 갖게 된다.

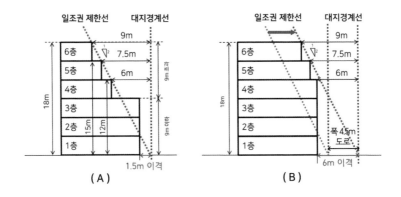

(A)   (B)

이와 같은 설계는 법적으로 주어진 용적률이나 연면적을 완전히 활용하지 못하게 만들어 사업 수익 증가를 추구하는 디벨로퍼에게는 불리한 조건으로 작용한다. 이를 보완하는 방법으로 꺾인 층 마당을 베란다로 활용하기도 한다.

북향에 도로가 있는 경우 일조권 제한선이 도로 폭만큼 뒤로 물러나게 되어 도로가 없는 경우보다 용적률과 연면적을 더 확보할 수 있다(B). 따라서 개발사업지를 검토할 때 정북 방향에 도로가 붙어있는지부터 확인하는 습관이 필요하다.

28강

정사각형보다 직사각형 모양의 토지가 좋다

다음 그림과 같이 검토 중인 (A)와 (B) 두 개발사업지가 있다. (A)는 정사각형에 가깝고 (B)는 길쭉하게 생겼다. 두 개발사업지 중에서 선택해야 한다면 단연코 (B)를 선택하는 것이 좋다. 단위세대를 배치할 때 (A) 토지는 (C)처럼 1베이 구조가 나오는데 (B)는 (D)처럼 3베이 구조가 나오기 때문이다.

3베이 구조는 1베이 구조에 비해 일조량과 개방감이 좋고 프라이버시가 유리해서 1베이에 비해 분양이나 임대가 잘 될 뿐만 아니라 이로 인해 높은 가격을 받을 수 있다. 물론 3베이 구조는 1베이 구조에 비해 단점도 있다. 3베이는 1베이에 비해 복도 면적을 많이 차지하는데 이로 인해 공용 면적이 늘어나고 이에 따라 전용률이 낮아져 총 세대수가 감소한다.

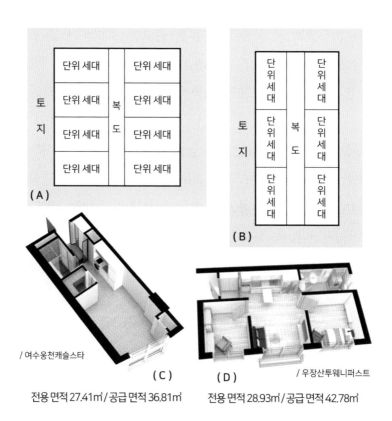

(A)

(B)

/ 여수웅천캐슬스타
(C)
전용 면적 27.41㎡ / 공급 면적 36.81㎡

(D)
/ 우장산투웨니퍼스트
전용 면적 28.93㎡ / 공급 면적 42.78㎡

1베이로 가더라도 분양에 자신이 있다면 1베이로 가는 것도 고려해볼만 하다. 사업 수익 증가 측면에서도 시장 조사 결과 1베이나 3베이의 공급 평당 가격이 비슷하다면 1베이로 가는 것이 낫고 1베이보다 3베이의 공급 평당 가격이 높아 수지 분석에서 수익률이 1베이와 비슷하다면 1베이보다 분양성이 좋은 3베이로 가는 것이 좋다.

제4장

비싼 평형대 찾기

29강

추세선을 그려 비싼 평형대를 찾자

디벨로퍼들이 검토 중인 개발사업지에 건축할 상품의 공급 면적과 평당 매매 가격을 결정할 때 인근에서 성공적으로 분양된 사례를 참고하여 결정하는 경우가 많다. 이 방식도 일리가 없는 것은 아니지만 이렇게 하면 사업 수익을 높일 기회를 놓칠 수도 있다. 따라서 보다 나은 결과를 얻기 위해서는 좀 더 자세한 분석이 필요하다.

자세한 분석을 위해서는 검토 중인 개발사업지 인근의 경쟁 상품들의 공급 면적과 평당 매매 가격에 대한 데이터를 최대한 많이 수집하고 분석하여 그 결과를 개발사업지에 적용하는 것이 중요하다.

다음 그래프는 검토 중인 개발사업지 주변의 경쟁 상품들의 공급 면적과 평당 매매 가격의 관계를 시각적으로 보여주고 있다. 그래프상의 붉은색 점은 공급 면적 16.94평일 때 평당 매매 가격 1,806만 원을 나타내고 있다. 그리고 하늘색 직선 그래프는 평균 평당 매매 가격들을 연결한 추세선이다. 이 추세선의 함수 (y=-81.393x+2592.4)를 이용하여 주어진 공급 면적의 평당 매매 가격을 계산할 수 있다.

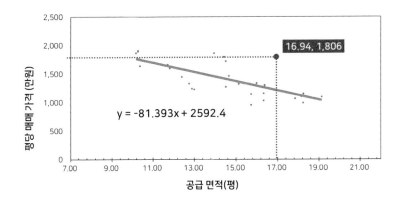

추세선을 살펴보면 평형이 작아질수록 평당 매매 가격이 올라가고 평형이 커질수록 평당 매매 가격이 낮아진다는 것을 알 수 있다. 이로 인해 개발사업지에 소형 위주의 평형대를 건축할 경우 사업 수익이 꽤 증가할 것으로 예상된다.

그런데 소형의 평당 매매 가격이 높다 하여 무조건 소형을 공급할 수 있는 것은 아니다. 공급 면적은 토지의 크기, 토지의 모양, 층수, 주차 대수 등을 감안하여 결정되기 때문이다.

30강

평형별 가격차는 의외로 크다

많은 사람들이 같은 주거 단지 내에서는 공급 면적별 평당 매매 가격의 차이가 크지 않을 것이라 생각한다. 그러나 시장 조사를 통해 분석을 해보면 큰 차이가 난다는 것을 확인할 수 있다.

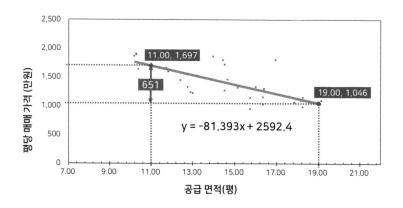

위의 그래프의 하늘색 굵은 선은 공급 면적별 평당 매매 가격

을 나타내는 추세선이다. 이 추세선 함수(y=-81.393x+2592.4)에 공급 면적 11평형과 19평형을 적용하면 11평형의 공급 평당 가격은 약 1,697만 원, 19평형은 약 1,046만 원으로 나타난다. 이는 11평형이 19평형보다 평당 651만 원 더 높다는 의미이다. 처음에는 이 차이가 크게 의미 있는 것처럼 보이지 않을 수 있으나 개발 프로젝트의 규모가 클수록 사업 수익이 크게 증가한다. 예컨대 연면적이 1천 평일 때는 65.1억 원, 1만 평일 때는 651억 원의 사업 수익이 추가적으로 발생한다.

하나의 사례로 건축설계사무소로부터 검토 중인 개발사업지에 대해 다음과 같은 A와 B 두 타입의 도시형 생활주택의 기준층 도면을 받았다. A는 총 200세대에 각 세대의 전용 면적은 8.44평, 공급 면적은 10.79평, 발코니 면적은 3.60평, 주차 대수는 100대로 계획되었다. 반면 B는 280세대에 단위 세대당 전용 면적은 4.78평, 공급 면적은 6.28평, 발코니 면적은 1.50평, 주차 대수는 146대로 계획되었다. 주변 경쟁 상품 조사 결과 추세선 함수는 y = -81.393x + 2592.4로 나타났다.

추세선 함수에 단위 세대별 공급 면적을 적용하였더니 A 단위 세대의 공급 평당 가격은 1,714만 원, B 단위 세대는 2,081만 원으로 계산되어 B 단위 세대가 A 단위 세대보다 평당 367만 원 더 높았다. 이 가격을 각 단위 세대의 공급 면적에 곱하면 A 단

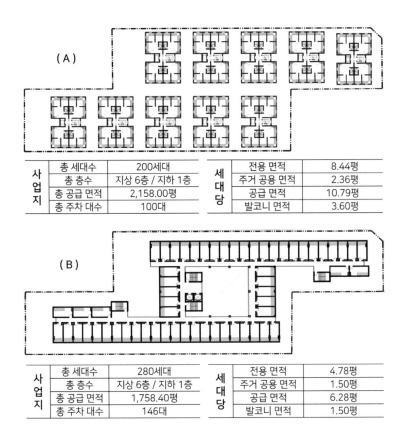

사업지	총 세대수	200세대	세대당	전용 면적	8.44평
	총 층수	지상 6층 / 지하 1층		주거 공용 면적	2.36평
	총 공급 면적	2,158.00평		공급 면적	10.79평
	총 주차 대수	100대		발코니 면적	3.60평

사업지	총 세대수	280세대	세대당	전용 면적	4.78평
	총 층수	지상 6층 / 지하 1층		주거 공용 면적	1.50평
	총 공급 면적	1,758.40평		공급 면적	6.28평
	총 주차 대수	146대		발코니 면적	1.50평

위 세대당 매매 가격은 1억 8,496만 원, B 단위 세대당 매매가격
은 1억 3,070만 원이다. 이렇게 구한 단위 세대당 매매 가격을
총 세대수에 곱하면 A의 총 매매 수입은 369.9억 원, B의 총 매
매 수입은 365.6억 원으로 나타나 두 타입 간의 총 매매 수입 차
이는 3.95억 원으로 미미하다. 이러한 결과는 굳이 B의 단위 세
대 면적을 고집할 필요가 없다는 것을 시사한다. 그러나 이 평가

는 다른 중요한 요소들을 고려하지 않았을 때의 결과이며 기타 사항을 고려하면 결과는 달라질 수 있다.

  A 세대의 발코니 면적 비율은 전용 면적 대비 42.65%로 B 세대의 31.38%보다 11.27% 포인트 더 높다. 그리고 A 세대는 3베이 구조로 1베이 구조인 B 세대보다 분양성이 훨씬 좋을 뿐만 아니라 일반적으로 베이 수가 많을수록 평당 가격이 높아진다는 점을 감안하면 실제 단위 세대가격을 더 높게 책정해도 무방하다. 또한 A 타입은 주차 대수가 100대인 반면 B 타입은 146대로 주차 대수가 적은 A 타입은 지하 주차장 건설비용이 많이 줄어든다. 이 모든 요인를 고려하면 A 타입을 선택하는 것이 수익성이나 분양성 측면에서 훨씬 유리하다고 할 수 있다.

31강

추세선과 상관없이 평당 가격이 높은 경우도 있다

검토 중인 개발사업지 인근의 경쟁 상품들의 공급 면적별 평당 매매 가격을 조사해서 그래프를 그려보면 무수한 점들이 추세선 주위에 모여 있다는 것을 알 수 있다. 그러나 일부 점들은 공급 면적과 상관없이 추세선보다 높은 평당 매매 가격을 나타내고 있는데 디벨로퍼들은 이러한 현상이 왜 나타나는가에 대해 조사하여 검토 중인 개발사업지에 적용할지 여부를 판단할 필요가 있다.

평형이 커질수록 평당 가격이 낮아지는 일반적인 추세에서 벗어나 큰 평형임에도 불구하고 높은 평당 매매 가격을 유지하는 상품들은 디벨로퍼들로부터 주목을 받지 않을 수 없다. 이는 큰 평형에서도 높은 평당 가격을 유지할 경우 공사비 절감과 주차 대수 감소를 통해 사업 수익이 증가하기 때문이다.

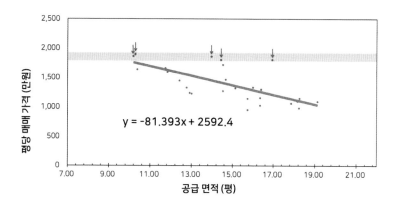

위의 그래프를 살펴보면 평형이 커질수록 추세선은 우하향하지만 붉은 점들은 평형대와 상관없이 추세선보다 높은 위치에 있다는 것을 확인할 수 있다. 실제로 이러한 현상을 보이는 상품들을 살펴보면 반드시 특정 이유들이 있다. 예컨대 역세권에 위치하거나 인근에 대형 쇼핑몰이 있거나 단지환경이 우수하거나 단위 세대 구조가 우수하거나 발코니 면적이 크거나 베이가 많은 등의 이유가 있다.

다음 그림에서 볼 수 있듯이 베이 수가 1베이에서 2베이, 3베이로 증가하는데도 불구하고 평당 가격이 비슷하거나 오히려 상승하는 경향을 보이기도 한다. 황학동의 '한양립스이노3.7와이즈'에서는 1베이의 평당 가격이 3,799만 원이지만 2베이는 3,856만 원이다. 천호역의 '현대힐스테이트게트리스'에서는 1베이가 4,637만 원이고 2베이는 4,643만 원이다. 삼성동의 '롯데캐슬클라쎄'에서는 1베이가 4,541만 원, 2베이는 4,919만 원, 그리고 3베이는

4,990만 원이다. 또한 여의도의 '신한드림리버'에서는 1베이가 2,863만 원인 반면 2베이는 3,637만 원으로 더 높다.

	황학동 한양 립스이노 3.7와이즈	천호역 현대 힐스테이트제트리스	삼성동 롯데캐슬 클라쎄	여의도 신한드림리버
1 베 이				
	전용 5.61평 / 평당 3,799만 원	전용 5.15평 / 평당 4,637만 원	전용 6.62평 / 평당 4,541만 원	전용 6.80평 / 평당 2,863만 원
2 베 이				
	전용 7.65평 / 평당 3,856만 원	전용 8.83평 / 평당 4,643만 원	전용 8.88평 / 평당 4,919만 원	전용 8.95평 / 평당 3,637만 원
3 베 이				
			전용 18.11평 / 평당 4,990만 원	

이처럼 평당 가격을 결정할 때는 단순히 추세선만 보고 결정할 것이 아니라 평당 매매 가격에 영향을 미치는 다른 요인들도 함께 고려해서 결정하는 것이 바람직하다.

제5장

단위 세대 내부 면적 늘리기

32강

공용 면적은 줄이고 전용 면적은 늘려라

주거 상품의 경우 분양 광고에서 언급하는 84㎡는 '공급 면적'을 의미한다. 이 공급 면적은 단위 세대의 '전용 면적'과 그 세대의 '주거 공용 면적'을 합한 면적이다.[19] 이 때문에 공급 면적은 일정하더라도 주거 공용 면적의 크기에 따라 전용 면적이 달라지게 된다. 예컨대 전용 면적이 60㎡이고 주거 공용 면적이 24㎡인 경우와 전용 면적이 55㎡이고 주거 공용 면적이 29㎡인 경우 둘다 공급 면적은 84㎡로 동일하다.

그런데 구매자들은 일반적으로 단위 세대 내부 면적인 전용 면적이 큰 주택을 선호한다. 이는 전용 면적이 큰 주택이 그렇지

---

19) 면적 개념에 대해서는 8강 '전용 면적, 공용 면적, 공급 면적, 계약 면적, 발코니 면적, 단위 세대 내부 면적'을 참고하기 바란다.

않은 주택에 비해 분양이 더 잘 된다는 것을 의미한다. 또한 이는 디벨로퍼들에게 가격을 조금 더 높게 책정해도 분양될 것이라고 생각하게 만든다.

더 중요한 점은 법적으로 정해진 지상 총 건축 면적인 '연면적' 내에서 전용 면적이 늘어나면 단위 세대수도 그에 따라 늘어난다는 것이다. 이는 계획된 단위 세대수보다 더 많은 단위 세대를 공급할 수 있어서 사업 수익이 상당히 증가하게 된다. 이런 이유로 디벨로퍼들은 주거 공용 면적을 줄이고 전용 면적을 최대한 늘리려고 노력한다.

위의 도면은 오피스텔의 기준층 도면이다. A와 B는 층당 각각 6세대로 구성되어 있지만 복도 길이가 다르다. B는 A에 비해 붉은색으로 칠해진 면적만큼 복도가 더 들어가 있다. 이로 인해 B는 A에 비해 늘어난 복도 면적만큼 전용 면적이 줄어든다. 이에 비해 A는 B에 비해 복도가 줄어든 만큼 전용 면적이 늘어나게 되는데 그 결과 더 많은 단위 세대를 넣는 것이 가능해진다. 만약 20층 건물의 4층부터 오피스텔의 경우 A에서 B의 붉은색으로 칠한 복도 면적을 줄인 결과 A는 16세대가 늘어나게 된다. 만약 한 단위 세대의 전용 면적이 10평이고 전용 평당 분양 가격이 5,000만 원이라면 80억 원의 추가 사업 수익이 발생한다.

33강

발코니 면적을 최대한 늘려라

개발 프로젝트에서 사업 수익을 극대화하는 전략은 다양하다. 많은 사람들이 생각하는 것처럼 단순히 주거 공용 면적을 줄이고 전용 면적을 확장하는 것 외에도 여러 방법들이 있다. 그 중 하나가 바로 발코니 면적을 최대한 확보하는 것이다.

발코니 면적은 전용 면적 외에 추가로 제공되는 서비스 면적으로 단위 세대 내부 면적의 일원이다. 그런데 이 서비스 면적은 용적률이나 연면적에 포함되지 않기 때문에 발코니 면적을 최대한 확보하더라도 법적 제약은 없다.

발코니 면적이 넓어지면 그만큼 단위 세대 내부에서 사용 가능한 면적도 함께 증가한다. 그리고 전용 면적과 발코니 면적을 터서 사용할 경우 이는 마치 전용 면적 자체가 늘어난 것과 흡사한 효과를 낳는다. 일반적으로 구매자들은 발코니가 넓은 아파트를 발코니가 없거나 좁은 아파트보다 더 선호하는 경향이 강하며 이는 분양 가격 상승 요인으로 작용한다.

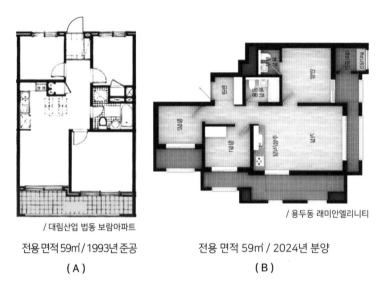

/ 대림산업 법동 보람아파트
전용 면적 59㎡ / 1993년 준공
(A)

/ 용두동 래미안엘리니티
전용 면적 59㎡ / 2024년 분양
(B)

위의 두 도면은 무두 전용 면적이 59㎡인 단위 세대 내부 평면도이다. 두 도면을 보면 B가 A보다 더 넓게 느껴지는데 이는 B의 발코니 면적이 A에 비해 훨씬 넓기 때문이다. 발코니는 단위 세대 내부 면적인 전용 면적에 추가적인 면적을 제공함으로써 단위 세대 내부 면적을 확장하는 역할을 한다.

발코니를 모든 건물에 공급할 수 있는 것은 아니다. 건물 유형에 따라 발코니를 포함할 수 있는 것과 포함할 수 없는 것으로 나누어진다. 오피스텔 같은 경우 얼마 전까지만 해도 발코니를 공급할 수 없었다.[20] 따라서 오피스텔은 발코니를 공급할 수 있는 주거 상품에 비해 상대적으로 구매자들부터 호감이 떨어질 수밖에 없었다.

그런데 일부 디벨로퍼들은 법적으로 발코니가 허용되는 주거 상품을 건축할 수 있는데도 불구하고 그냥 오피스텔로 도면을 작성한 경우들을 종종 보게 된다. 물론 지방자치단체에서 주거 상품을 넣지 못하게 하거나 주거 상품을 건축할 경우 용적률을 낮추는 경우가 있지만 그렇지 않은데도 불구하도 오피스텔로만 도면을 작성한 경우들이 적지 않다. 도무지 이해가 안 가서 디벨로퍼에게 "왜 오피스텔로만 그렸느냐?"고 물어보면 "건축설계사무소에서 그려준 것이다."라고 대답들 한다. 이들 대부분은 발코니 면적을 왜 최대한 확보해야 하는지조차도 이해를 못하는 초보 디벨로퍼들이었다.

다음 도면의 A는 도시형 생활주택, B는 오피스텔에 단위 세대 내부 아이소 도면이다. 전용 면적은 A는 27.97㎡, B 33.22㎡로 B가 A에 비해 5.25㎡ 더 크다. 그런데 단위 세대 내부 면적인 전용 면적과 발코니 면적을 합한 수치는 A 35.26㎡, B 33.22㎡로 A가 B에 비해 2.04㎡ 더 크다.

---

20) 2024년 2월 23일부터 오피스텔에 발코니 설치가 허용되었다. 그런데 주거 상품과는 달리 확장할 수도 유리 칸막이 설치도 불가능하다.

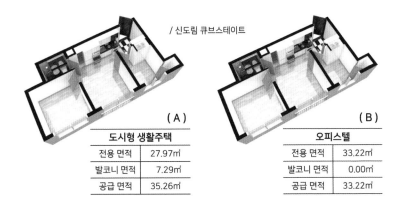

/ 신도림 큐브스테이트

(A)

도시형 생활주택	
전용 면적	27.97㎡
발코니 면적	7.29㎡
공급 면적	35.26㎡

(B)

오피스텔	
전용 면적	33.22㎡
발코니 면적	0.00㎡
공급 면적	33.22㎡

이와 같이 B보다 A의 단위 세대당 전용 면적이 5.25㎡ 작고 만약 세대수가 100세대이면 525㎡가 차이가 나고 A의 전용 면적이 27.97㎡이니까 B를 공급했을 때보다 A를 약 18세대 더 공급할 수 있게 된다. 만약 1세대당 5억이라면 90억 원의 사업 수익이 증가한다.

다음 도면은 검토 중인 개발사업지의 도시형 생활주택 기준층 도면이다. 그리고 붉은색은 발코니이다. 만약 도시형 생활주택이 아닌 오피스텔을 공급한다면 발코니 면적을 모두 전용 면적으로 전환해야 한다. 그러면 도시형 생활주택에 비해 단위 세대당 전용 면적이 커지고 지상 연면적은 일정하니까 세대수가 많이 줄어들게 된다. 이로 인해 사업 수익이 크게 감소하게 된다.

이를 수치로 계산을 하면 단위 세대당 발코니 면적이 1.5평이고 총 세대수가 280세대이므로 총 발코니 면적은 420평이다. 만약 도시형 생활주택이 아닌 오피스텔을 공급한다면 발코니 420평이 모두 전용 면적으로 전환된다. 이에 따라 90세대 정도가 감소하는데 만약 1세대의 분양 가격이 3억 원이라면 270억 원의 사업 수익이 감소하게 된다.

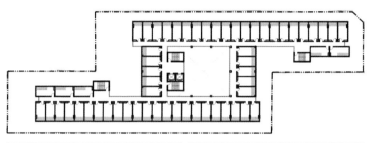

사업지	총 세대수	280세대	세대당	전용 면적	4.78평
	총 층수	지상 6층 / 지하 1층		주거 공용 면적	1.50평
	총 공급 면적	1,758.40평		공급 면적	6.28평
	총 주차 대수	146대		서비스 면적	1.50평

34강

다락 면적을 최대한 늘려라

일반적으로 다락이 없는 세대에 비해 다락이 있는 세대는 바닥 면적이 상당히 증가한다. 다락을 설치하면 이는 마치 전용 면적이나 발코니 면적이 증가한 것과 같은 유사한 효과를 누릴 수 있다. 특히 더 작은 소형일수록 다락 설치는 전용 면적에 대한 바닥면적 비율이 증가하여 효과가 크다.

다음 그림을 보면 오피스텔 A는 다락 없이 층고 높이가 2.9m로 이루어졌다. B는 층고를 4.1m로 높이면서 다락을 추가하여 단위 세대 내부 바닥면적을 더 넓게 사용하도록 했다. C는 다락을 현관문 밖 복도 위까지 확장하여 B보다도 단위 세대 내부 면적을 더 넓게 확보하였다. 이렇게 설치된 다락 면적의 차이로 인해 C의 시장 가치는 A, B보다 높다.

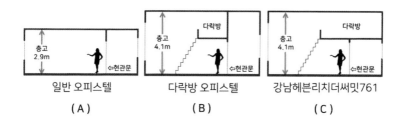

일반 오피스텔	다락방 오피스텔	강남헤븐리치더써밋761
（A）	（B）	（C）

하나의 사례로 C 타입의 '강남헤븐리치더써밋761'의 경우 인근의 B 타입의 오피스텔이 평당 6천만 원에 거래될 때 평당 8천만 원에 분양했다. '강남헤븐리치더써밋761'가 평당 2천만 원 더 높은 가격인데도 불구하고 몇 달 만에 분양이 완판되었다.

'강남헤븐리치더써밋761'의 단위 세대당 전용 면적이 4.45평이고 총 세대수가 361세대이었다. 이 경우 평당 2천만 원씩 더 받음으로써 발생한 추가 사업 수익만 321.2억 원이다. 이는 복도 위까지 활용하는 다락 면적의 확장이 얼마나 큰 사업 수익을 창출할 수 있는지를 잘 보여주는 사례이다.

이처럼 다락은 단순한 면적 증가 이상의 가치를 제공한다. 이는 디벨로퍼에게 상당한 사업 수익을 안겨다 준다. 따라서 사업 수익 증대 차원에서 다락 활용을 적극 고려할 필요가 있다.

35강

테라스를 설치하라

테라스는 집 앞 마당과 같은 역할을 한다. 테라스를 설치하면 이는 마치 전용 면적이나 발코니 면적이 증가한 것과 같은 유사한 효과를 누릴 수 있다.[21]

다음 그림은 계단형 테라스 타입의 공동주택의 조감도이다. A는 아래 세대의 지붕을 위 세대가 테라스로 활용하는 구조로 설계되어 있다. B는 타워식 건물에서 볼 수 있는 테라스로 두 개 층 사이에 한 층씩을 돌출하여 그 돌출된 세대의 지붕을 위 세대가 테라스로 이용하도록 되어 있는 형태이다.

---

21) 여기서 테라스는 엄밀히 말해서 위층과 아래층의 면적 차이로 인해 생기는 위층 마당인 베란다를 의미한다. 단지 여기서 테라스라는 용어를 사용하는 것은 독자들의 이해를 돕기 위해 것임을 이해하기 바란다.

/ 서판교 운중동 월든힐스

/ 위례 래미안위례테라스하우스

(A)

(B)

이전에 나는 테라스형 타운하우스 개발사업을 한 적이 있다. 그 때 테라스의 가치를 외부 컨설팅 기관에 의뢰한 결과 테라스 면적 가격이 전용 면적의 절반 가격 정도라는 평가보고서를 받은 적이 있다. 이를 수치로 나타내면 전용 1평 가격이 5천만 원이라면 테라스 1평의 가치는 2,500만 원 정도 된다는 것이다. 만약 단위 세대당 테라스 면적이 10평이라면 그 단위 세대의 테라스 가치는 2억5,000만 원이 되며 단지가 100세대일 경우 테라스 가치는 총 250억 원이 된다. 이는 사업 수익의 막대한 증가를 가져다 준다.

더욱이 테라스를 설치하여도 발코니처럼 법적으로 용적률이나 연면적이 늘어나지 않는다는 장점이 있다. 즉 테라스는 공짜로 주어지는 면적이다. 따라서 디벨로퍼는 개발사업지를 검토할 때 테라스 설치가 가능한지 여부를 체크하여 설계에 반영할 수 있으면 적극적으로 반영하는 것이 바람직하다.

나는 천천히 걷지만, 절대 뒤로 가지 않는다.

(I walk slowly, but I never walk backward.)

— Abraham Lincoln —

제6장

좋은 배치 만들기

36강

단위 세대 내부 공간 활용도를 높여라

단위 세대 내부 공간의 배치와 구성은 거주 공간의 활용도에 큰 영향을 미치고 이는 단위 세대당 분양가나 임대료를 결정하는 데 상당한 영향을 미친다.

다음 도면은 두 오피스텔의 단위 세대 내부 평면도이다. A는 실외기실을 창가 안쪽에 배치하였다. 이것 때문에 창가 폭이 좁아져서 침실을 창 쪽에 배치할 수 없게 되었다. 그 결과 침대는 단위 세대 내부 중앙에 배치할 수밖에 없었고 창가에는 어쩔 수 없이 책상을 두게 되었다. 그러다 보니 거실과 부엌의 구분이 애매하여 제대로 된 거실과 부엌의 역할을 기대하기 어렵게 되었다.

이에 비해 B는 실외기를 세대 바깥의 노대[22]에 설치하였다. 이

---

22) '노대'는 발코니, 테라스, 베란다, 데크와 같이 건물 외부로 돌출된 개방

렇게 실외기를 외부에 설치함으로써 내부 공간을 효율적으로 사용할 수 있게 되었다. 그 덕분에 침실과 거실을 뚜렷하게 구분할 수 있고 두 공간 사이에 접이식 도어를 설치하여 공간이 분리된 느낌을 줄 수 있었다. 또한 거실을 넓고 편안하게 배치할 수 있었으며 부엌도 제대로 기능할 수 있도록 배치할 수 있었다.

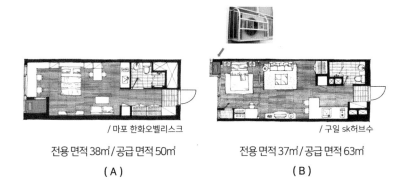

/ 마포 한화오벨리스크

전용 면적 38㎡ / 공급 면적 50㎡

(A)

/ 구일 sk허브수

전용 면적 37㎡ / 공급 면적 63㎡

(B)

단위 세대 내부 구조의 배치는 분양이나 임대 시 수요에 큰 영향을 미친다. 같은 개발사업지에서 같은 분양 가격 조건이라면 B가 A보다 더 많은 수요를 끌 것이다. 실제로 단위 세대 가격이 5% 더 비쌀지라도 B의 우수한 내부 구조 덕분에 분양이 잘될 것으로 보인다.

A의 내부 구조를 B처럼 바꾸고 단위 세대당 분양 가격이 3억 원인 것을 단위 세대당 1,500만 원 인상하여 분양할 경우 총 세대수가 939세대이면 총분양 수입은 140.85억 원 증가하게 된다.

형 구조의 바닥 구조물을 의미한다.

법적 제약으로 실외기의 외부 설치를 금지하는 경우도 있지만 소형주택이나 오피스텔에서는 실외기 배치에 대한 인허가가 비교적 유연하다. 따라서 실외기를 외부에 설치하는 방안을 적극적으로 추진할 필요가 있다.

다음 도면은 두 도시형 생활주택의 단위 세대 내부 평면도이다. A와 B 둘 다 전용 49㎡ 크기에 거실 하나와 침실 두 개를 배치하였다. 그런데 A와 B는 큰 차이가 있어 보인다.

/ 신길 AK푸르지오

전용 면적 49.45㎡ / 공급 면적 75.10㎡

（A）

/ 은평 자이더스타

전용 면적 49.99㎡ / 공급 면적 72.51㎡

（B）

A는 화장실이 1개인데 비해 B는 2개의 화장실을 갖추고 있어 여러 사람이 거주할 경우 화장실이 2개 있는 B가 더 편리해 보인다. 그리고 B의 침실에는 A에 없는 큰 드레스룸이 별도로 마련되어 있어 의류와 개인용품을 효율적으로 보관할 수 있는 공간을 제공한다. 또한 A는 다용도실이 없지만 B는 부엌 옆에 다용도실을 갖추고 있다. 다용도실은 추가적인 저장 공간으로 활용될 수 있고 세탁실로도 사용되어 실용성을 높인다. 물론 A가 현관 입구에 팬

트리 공간을 둔 것은 장점이지만 효용성 측면에서 다용도실보다는 못하지 않을까 싶다.

이러한 B가 가진 여러 장점으로 인해 구매자들은 A의 분양가보다 B의 분양가를 좀 높이더라도 분양을 받을 것이다. B의 분양가를 단위 세대당 2,000만 원 인상하여 분양할 경우 총 세대수가 312세대이면 총분양 수입은 62.4억 원 증가한다.

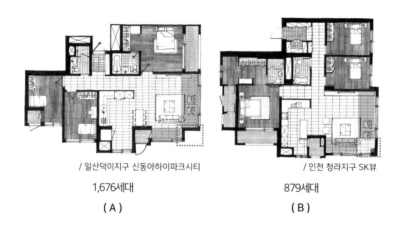

/ 일산덕이지구 신동아하이파크시티
1,676세대
(A)

/ 인천 청라지구 SK뷰
879세대
(B)

위 도면은 두 아파트의 단위 세대 내부 평면도이다. A와 B의 붉은색 부분은 원래 발코니였는데 이것을 확장하여 거실을 넓힌 것이다. 그런데 거실 코너 사각형 점선 안을 보면 A와 B가 다르다. A는 움푹 들어갔는데 비해 B는 양쪽 발코니 라인에 맞춰 펴져 있다. 이로 인해 B의 거실이 A에 비해 훨씬 넓어 보인다.

거실이 넓어진 효과로 인해 거실 공간 효율도 높아지고 집 크기도 더 커 보여 분양할 경우 분양가를 좀 더 올려도 분양이 잘

될 것으로 보인다. A를 B처럼 코너를 확장하고 단위 세대당 1,500만 원 인상하여 분양할 경우 총 세대수가 1,676세대이면 총 분양 가격은 251.4억 원 증가한다.

/ 부산 장전동 벽산블루밍

전용 면적 164㎡ / 공급 면적 205㎡ / 1,682세대

위 도면은 하나의 단위 세대 내부를 두 개의 독립된 가구로 분리하여 사용할 수 있게 설계된 아파트의 단위 세대 내부 평면도이다. 이 구조는 하나의 단위 세대 내부에 현관문이 2개 있다. 이러한 구조는 가족 구성원의 변화에 따라 유연하게 대응할 수 있는 주거 솔루션을 제공한다.

전통적으로 대가족이 함께 생활하다가 자녀들이 독립하는 경우 남은 부모님은 종종 더 작은 집으로 이사를 고려하게 된다. 이사 과정은 양도소득세, 이주비, 그리고 기타 여러 행정적, 물리적 번거로움을 수반한다. 그러나 이 분리형 아파트는 이러한 번거로움을 크게 줄일 수 있는 해결책을 제시하고 있다.

분리형 아파트는 처음에는 부모님이 자녀들과 같이 거주하다가 나중에 자녀들이 독립하게 되면 부모님은 두 가구 중 한 가구에서 살고 다른 한 가구는 임대해서 임대 수익을 창출할 수 있다. 특히 노후에 자식에게 의지하지 않고 소득을 창출할 수 있어 큰 장점이 있다.

　이러한 분리형 아파트의 여러 장점으로 인해 분양가를 단위 세대당 2,000만 원 인상하여 분양할 경우 총 세대수가 1,304세대이면 총 분양 수입은 260.8억 원 증가한다.

　종합하면 용적률 인상이나 발코니 면적 등 단위 세대 내부 면적을 늘려서 상품의 가치를 높여 분양가를 인상하는 것도 중요하지만 단위 세대 내부 구조를 개선하여 상품 가치를 높이는 것 또한 이에 못지않게 중요하다는 것을 초보 디벨로퍼들은 명심하기 바란다.

37강

같은 층 단위 세대들을 효율적으로 배치하라

아파트나 오피스텔의 기준층 단위 세대를 효율적으로 배치하면 단위 세대 내부 구조가 좋아지고 발코니 면적도 크게 확보할 수 있다. 이는 분양 성공률을 높이고 분양가를 상승시킬 수 있는 주요 요인으로 작용한다. 아파트나 오피스텔의 1층 상가도 가시성을 높이고 동선을 짧게 배치하면 분양이나 임대가 잘될 뿐만 아니라 더 높은 분양가와 임대료를 기대할 수 있다.

다음 도면은 같은 개발사업지의 두 타입의 소형 아파트 기준층 배치도이다. A는 일반적인 오피스텔에서 채택하는 1베이(파란색) 형태로 단위 세대들이 균일하게 가로로 배치되어 있다. 이에 비해 B는 A의 좌우 세로 단위 세대 내부를 2베이(노란색) 또는 3베이(녹색) 형태로 변형한 구조로 배치되었다.

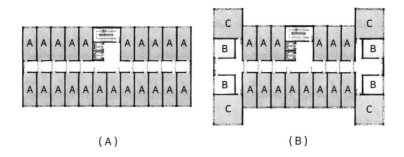

(A)　　　　　　　　　　　　(B)

　각 베이별 단위 세대 내부 구조는 다음과 같다. 1베이의 내부
구조는 침실에만 외부 창문이 설치되어 있다. 이는 거실과 다른
공간에 자연 채광과 환기가 제한되는 단점이 있다.

　2베이의 내부 구조는 침실과 거실 모두 외부 창문이 설치되어
있다. 창문이 하나뿐인 1베이에 비해 단위 세대 내부가 더 밝고
쾌적한 환경이 조성된다.

세 대 수	221세대
전용면적	33.71㎡
서비스 면적	7.24㎡
가용면적	40.95㎡

(1베이)

세 대 수	52세대
전용면적	30.26㎡
서비스 면적	12.64㎡
가용면적	40.90㎡

(2베이)

세 대 수	52세대
전용면적	47.36㎡
서비스 면적	13.68㎡
가용면적	61.24㎡

(3베이)

3베이의 내부 구조는 두 개의 침실과 거실 모두 창문이 설치되

어 있다. 2베이에 비해 단위 세대 내부가 더 밝아지고 쾌적한 환경이 조성되어 있어 구매자들의 주거 만족도가 제일 높다고 할 수 있다. 일반적으로 소형 주거 상품의 평당 가격이 높지만 B나 C처럼 베이 수가 많아 더 밝아지고 쾌적한 환경이 조성될 경우 평형대가 커지더라도 평당 가격이 유지되거나 상승하게 되는 경우가 많다.[23]

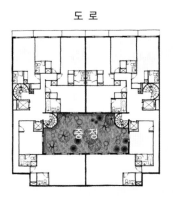

/ 프랑스 파리 샹비주젤리제호텔

위 도면은 개발 사업지의 가운데에 중정을 설치한 기준층 도면이다. 중정은 건물 중앙에 위치한 정원이나 마당을 말하며 정원을 둘러싸고 있는 세대들은 창문을 설치할 수 있어 자연 채광과 환기가 가능하다.

도면에서는 한 층에 도로 쪽으로 창이 있는 6세대와 중정 쪽으

---

23) 이에 대해서는 31강 '추세선과 상관없이 평당 가격이 높은 경우도 있다'를 참고하기 바란다.

로 창이 있는 6세대를 배치하여 총 12세대가 마련되었다. 이는 중정이 있었기에 가능하다. 중정을 두지 않았더라면 12세대를 배치하는 것은 불가능하였을 것이다. 특히 소형 세대의 분양가나 임대료가 높은 지역이라면 중정을 두는 것은 매우 바람직한 전략이라 할 수 있다.

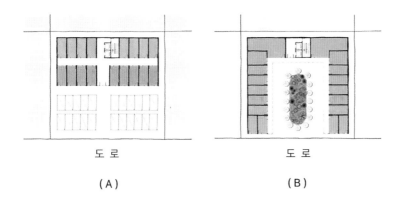

도 로

(A)

도 로

(B)

위 도면은 1층 상가 배치도이다. A는 주차장을 전면에 두고 상가를 후면에 배치하는 전통적인 방식의 배치이다. 이 배치의 특성을 살펴보면 전면에 위치한 상가들은 도로에서 잘 보이고 접근성이 좋아 장사가 잘 될 수 있는 장점이 있다. 그러나 후면에 위치한 상가들은 도로 접근성이 떨어지고 시각적 노출이 차단되어 영업에 지장이 적지 않을 것이다.

B는 상가를 'ㄷ'자 모양으로 배치했다. 그 결과 모든 상가들이 외부에 노출될 뿐만 아니라 도로에서의 접근성도 좋아지게 되었다. 그리고 마당에 있던 주차장을 지하로 내려보내고 그 자리에

전체 상가들이 공유하는 테라스를 설치하였다. 이러한 노력은 분양가나 임대료를 높이는 주요 요인이 된다.

　종합하면 용적률 인상, 단위 세대 내부 면적 증가 및 구조 개선과 더불어 단위 세대 배치를 개선하여 상품 가치를 높이는 것 또한 이에 못지않게 중요하다는 것을 초보 디벨로퍼들은 명심하기 바란다.

38강

지하층을 효율적으로 배치하라

건물의 지하에 햇빛이 전혀 들어오지 않는 곳이 많다. 인공조명으로 자연 채광 효과를 내려고 노력하지만 실제 자연 채광과는 비교할 수 없다.

다음 도면 A와 B는 경사진 지역에서 볼 수 있는 지하 공간의 단면도이다. A와 B의 붉은색 점선 안을 보면 A는 그냥 흙으로 메꿔져 있는 데 비해 B는 붉은색 점선 안의 공간을 파내어 지하 공간을 넓히고 그곳에 자연 채광과 외부 공기가 직접 유입하게 만들었다. 자연 채광과 외부 공기가 유입되고 공간 면적도 넓어짐에 따라 구매자들도 A보다는 B를 선호하게 되는데 이는 분양하거나 임대할 때 높은 가격을 책정할 수 있는 요인으로 작용한다.

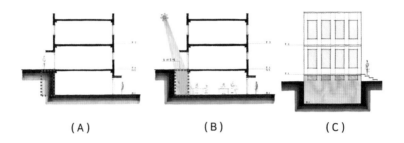

(A)   (B)   (C)

  B의 경우 유리로 천정을 덮지 않고 성큰[24])을 만들어 외부에서 직접 지하로 들어오는 계단을 만들고 지하를 정원으로 꾸미면 단순히 지하 공간이 아닌 아늑한 휴게 공간으로 변신하게 된다. 그리고 유리로 천정을 덥지 않고 오픈된 성큰을 두게 되면 1층 로비를 통해 엘리베이터로 접근하는 것보다 훨씬 동선이 짧아지고 자연 채광과 외부의 공기가 직접 유입되어 공간의 효율성과 편리함이 크게 증가한다.

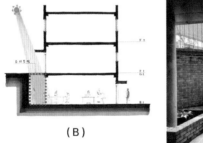

(B)

---

24) 성큰(Sunken)은 움푹 페인 공간을 의미한다.

C는 지하 공간을 약간 들어 올리고 창을 내서 자연 채광과 외부의 공기가 직접 유입되도록 만들었다. A처럼 창 없는 지하 공간은 대부분 창고 정도로 사용하는데 이렇게 창을 내게 되면 주거나 사무실 용도로도 사용할 수 있어 분양이나 임대 시 높은 가격을 책정할 수 있는 요인으로 작용한다.

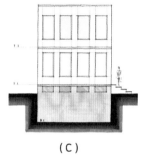

(C)

무언가가 충분히 중요하다면, 설령 확률이
당신에게 유리하지 않더라도 그것을 해야 한다.

(When something is important enough,
you do it even if the odds are not in your favor.)

— Elon Musk —

제7장

수지 분석표 작성 및 분석

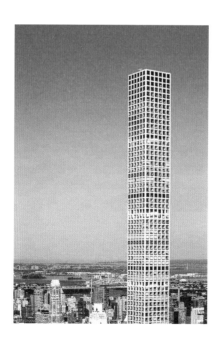

39강

수지 분석의 구성

 동네 작은 가게도 수익을 목적으로 운영된다. 부동산 개발사업 또한 마찬가지로 수익을 목적으로 진행된다. 개발사업에서 수익 발생 여부는 수지 분석표를 통해 알 수 있다. 이 분석표에는 수입과 비용이 자세히 나열되어 있고 표의 맨 아래에는 수익과 수익률이 나타나 있다.

 디벨로퍼는 사업 수익을 극대화하기 위해 여러 전략을 강구해야 하다. 이러한 전략에 관해서는 '제4장 비싼 평형대 찾기', '제5장 단위 세대 내부 면적 늘리기', '제6장 좋은 배치 만들기'에서 자세히 살펴보았다.

이러한 여러 전략을 효율적으로 구사하기 위해서는 그에 맞는 적합한 설계가 도출되어야 한다. 그러기 위해서는 가설계 단계에서

부터 건축설계사무소와의 긴밀한 협력이 필요하다. 가설계는 한두 번으로 끝내는 것이 아니고 수십 번의 수정작업을 거친다. 조각을 빚듯 가설계는 그렇게 완성되어 간다. 이 수정 과정을 통해 가장 비싸고 적합한 평형대를 찾게 되고 단위 세대 내부 면적이 최대한 넓어진다. 그리고 좋은 배치가 만들어진다. 이렇게 완성된 가설계에 시장 조사를 통해 도출된 평당 분양가를 적용하여 최종적인 총 분양 수입과 사업 수익, 수익률 등을 도출해 낸다.

수지분석표의 구성

구분	주요 항목	내 용	
수 입	분양수입금	아파트, 상가, 오피스텔, 오피스 등	
	부가가치세	① 비주택 ② 85㎡ 초과 주택	
비 용	토 지 비	① 토지매입비 ② 취·등록세 ③ 법무사 등기대행료 ④ 국민주택채권비용 ⑤ 지주작업비 ⑥ 사업권인수비용 등	
	직접공사비	건축, 토목, 전기 등 공사 비	
	간접공사비	① 설계비와 감리비 ② 철거비 ③ 진입도로공사비 ④ 인입공사비 ⑤ 미술장식품설치비 ⑥ 지구단위계획 및 교통영향평가 용역비 ⑦ 환경영향평가 용역비 ⑧ 감정평가 용역비 ⑨ 기타 용역비	
	분 양 비 용	① 모델하우스 건립비 ② 홍보관 부지 임차비와 운영비 ③ 광고홍보비 ④ 분양수수료 ⑤ 분양보증수수료	
	일반관리비	① 시행사 일반관리비 ② 신탁수수료 ③ PM용역비 ④ 입주관리비	
	세 금	① 부동산보유세(재산세 등) ② 보존등기비(신축건물 취득세)	
	각종부담금		
	금 융 비 용	수수료	① 대출취급수수료 ② 금융자문수수료 ③ 책준(책임준공)수수료 ④ 미담확약수수료 ⑤ 트리거 수수료(Trigger Fee) 등
		이 자	① PF대출이자 ② 신탁계정대이자(차입형토지신탁) ③ 중도금대출이자 등
수 익	수입 - 비용		수 익 률

위의 표는 부동산 개발사업에 있어서 일반적인 수지 분석표 구성이다. 수지 분석표는 수입과 비용을 나열해 사업 수익과 사업 수익률을 계산한다. 수입 항목에는 분양 수입과 부가가치세가 포

함되지만 부가가치세는 실제로 정부에 납부해야 하는 세금이므로 수입에서 제외한다.

비용 부문에서는 토지비와 공사비가 가장 큰 비중을 차지한다. 그리고 분양 비용, PF 대출의 금융 비용, 일반관리비, 세금, 그리고 각종 부담금 등도 주요 비용 요소이다. 그리고 여기에는 시행사 운영비가 포함되어 있다.

사업 수익은 부가가치세를 제외한 분양 수입금에서 비용을 차감한 금액을 의미한다. 그리고 사업 수익이 총비용에서 차지하는 비율이 사업 수익률이 된다. 높은 사업 수익률은 PF 대출 가능성을 높이고 안정적인 자금 확보에 기여한다. 일반적으로 사업 수익률이 10%를 넘으면 PF 대출이 가능해지므로 10%를 넘는 사업 수익률을 달성하는 것이 우선 중요하다. 따라서 사업 수익률을 높이기 위해 최적의 평형대와 상품을 발굴하는 노력이 절대적으로 필요하다.

40강

수지 분석의 핵심은 사업 수익률이다

개발사업에서 사업을 해서 발생한 사업 수익률(ROI, Return On Investment)이란 총비용을 들여서 얻은 사업 수익의 비율을 의미한다. 여기서 사업 수익이란 총분양 수입에서 총비용을 차감한 금액이다.

$$사업\,수익률 = \frac{총\,분양\,수입 - 총\,비용}{총\,비용} = \frac{사업\,수익}{총\,비용} \times 100$$

예를 들어 개발사업에 100억 원을 투입하여 120억 원의 사업 수입이 발생하였다면 사업 수익률은 다음과 같이 계산한다.

$$사업\,수익률 = \frac{120억\,원 - 100억\,원}{100억\,원} \times 100 ≒ 20\%$$

개발사업에서 사업 수익률은 사업 진행 여부를 결정하는 중요한 기준이 된다. 안정적인 사업이 되려면 사업 수익률이 최소

10%는 넘어야 하고 사업이 안정적이라고 간주하기 위해서는 15% 이상의 사업 수익률은 나와야 한다. 만약 이 기준을 충족하지 못하면 PF 대출을 받기 어렵거나 기대했던 대출 금액이 감소할 수 있다. 따라서 사업 수익률을 얼마나 확보할 수 있는지가 개발사업에 있어서 매우 중요한 이슈이다.

2002년 나는 첫 개발사업에서 200억 원을 벌었다. 당시에 투입한 내 돈[25]은 5억 원이었고 19억 원은 가까운 지인으로부터 차입했다. 그리고 PF 대출을 200억 원 받고 총비용 530억 원을 투입하여 총분양 수입 730억 원이 발생하였다. 그 결과 200억 원의 사업 수익이 발생하였고 사업 수익률 37.73%, 자기 자본 수익률(ROE, Return On Equity) 4,000%를 달성하였다. 이를 정리하면 다음과 같다.

자기 자본 5억 원, 지인 차입금 19억 원, PF 대출 200억 원

총 분양 수입 730억 원, 총 투입 비용 530억 원, 사업 수익 200억 원

$$\text{사업 수익률(ROI)} = \frac{\text{사업 수익}}{\text{총 투입 비용}} \times 100\% = \frac{200억 원}{530억 원} \times 100\% = 37.73\%$$

$$\text{자기 자본 수익률(ROE)} = \frac{\text{사업 수익}}{\text{자기 자본}} \times 100\% = \frac{200억 원}{5억 원} \times 100\% = 4000\%(40배)$$

그런데 여기서 수익성 못지않게 중요한 것이 있다. 이는 바로 분양성이다. 분양성이 좋아야만 PF 대출금을 상환할 수 있고 사

---

25) 개발 프로젝트를 진행하는 디벨로퍼가 직접 투입한 돈을 자기 자본 또는 에쿼티(equity)라고 한다.

업 수익을 실현할 수 있다. 수지 분석표의 상단에는 각각의 분양 상품들과 이들로부터 예상되는 총분양 수입이 기록된다. 분양 상품이 시장에서 잘 팔려 분양성이 높아야 하고 분양성이 높아야 PF 대출이 쉬워지며 더 나은 PF 대출 조건으로 이어진다.

분양성이 높은 상품의 선정 여부는 PF 대출 여부와 직결되어 있다. PF 대출 기관은 분양성이 높은 상품이 포함된 개발 프로젝트를 더 안정적으로 보고 이는 대출 승인 가능성을 높인다. PF 대출을 위해 분양성을 어떻게 높일 수 있는지 그리고 분양성이 높은 상품을 어떻게 선택하고 구성할 수 있는지에 대한 전략과 방법은 제10장 'PF 대출'에서 자세히 다루고자 한다.

개발사업에서 수익성과 분양성은 사업의 성공을 결정하는 중요 요소이다. 높은 수익성과 분양성을 확보하기 위한 전략을 수립하고 실행하는 것은 사업을 성공적으로 수행하는 데 필수적이다. 이러한 요소들을 철저히 고려하여 사업을 진행하면 PF 대출 기관과 디벨로퍼 모두에게 긍정적인 결과를 가져올 수 있다.

41강

수입은 짜게, 비용은 넉넉하게

수지 분석을 짤 때 일반적으로 권장되는 접근법은 수입을 보수적으로 책정하고 비용은 여유 있게 편성하는 것이다. 이 방식은 예상치 못한 상황에 대비하여 금융적 안정성을 확보하려는 목적을 가지고 있다. 그러나 많은 초보 디벨로퍼들은 이와 반대로 수입을 낙관적으로 예상하고 비용을 보수적으로 책정하여 수지 분석표를 작성한다. 이는 표면적으로 개발 프로젝트의 사업 수익률을 높게 보이게 하여 PF 대출을 더 높은 금액으로 더 쉽게 받기 위해서이다.

기본적으로 사업 수익률이 높다면 굳이 이런 접근법은 필요 없지만 실제로 사업 수익률이 낮은 경우에는 PF 대출을 유리하게 받기 위해 사업 수익률을 인위적으로 끌어올리려는 시도가 종종 있다. 하지만 PF 대출 기관이 이를 모를 리 없다. PF 대출 기관은 이러한 생각을 간파하고 있으며 제출된 수지 분석표를 자체적으로 재조정하여 실제 대출 가능 금액을 결정한다.

비용 항목 중에서 특히 분양 비용은 매우 넉넉하게 책정할 필요가 있다. 만약 분양이 기대만큼 원활하지 않을 경우 모델하우스 임차료, 분양 조직 운영비, 분양 홍보 및 광고비, 분양 대행 수수료 등이 추가적으로 발생하기 때문이다. 이러한 비용은 부동산 개발 프로젝트의 성공에 결정적인 영향을 미친다. 마치 전쟁터의 무기와 같아서 분양이 부진할 때 분양 비용이 바닥나면 개발 프로젝트는 큰 난관에 부딪힌다.

따라서 분양 비용을 넉넉하게 확보하고자 하는 것은 분양이 부진할 경우 추가적인 비용을 투입하여 개발 프로젝트를 성공적으로 완료하기 위해서이다. 이는 잠재적인 리스크를 관리하고 개발 프로젝트의 성공 가능성을 높이는 전략적인 선택이다. 이와 같은 방법으로 수지 분석을 신중하게 진행한다면 개발 프로젝트는 더 견고하고 탄탄한 재무 구조를 갖추게 될 것이며 예상치 못한 비용 발생에도 불구하고 안정적으로 개발 프로젝트를 운영할 수 있다.

42강

분양가 책정은 시장 조사와 설계를 바탕으로

　분양가 책정 과정은 매우 냉정하고 객관적이어야 한다. 많은 초보 디벨로퍼들이 자신의 개발 프로젝트를 자식처럼 여기는 경향이 있다. 이러한 애착 때문에 객관적인 가치보다 높게 평가하는 경우가 종종 발생한다. 예를 들어 2군 브랜드를 사용하면서도 주변의 1군 브랜드와 비교하여 분양가를 책정하거나 100세대 미만의 개발 프로젝트임에도 불구하고 주변의 1,000세대 이상의 대형 개발 프로젝트와 비교하여 분양가를 설정하는 경우가 있다. 이러한 비현실적인 비교는 큰 문제를 야기하게 된다.

　분양가를 책정할 때는 자신의 개발사업지와 비슷한 입지 조건, 비슷한 규모, 비슷한 브랜드 수준을 갖춘 주변 상품들과 비교해야 한다. 이를 통해 더 정확하고 신뢰할 수 있는 분양가를 설정할 수 있다. 또한 분양을 촉진하기 위해 약 5%의 분양 촉진 할인율을 적용하는 것도 바람직할 수 있다. 이는 잠재 구매자에게 구매를 유인하고 분양을 촉진하는 전략적 결정이다. 이러한 접근 방식을 통해 보다 현실적이고 경쟁력 있는 분양가를 책정할 수 있다.

구체적인 분양가를 책정하기 위해 먼저 시장 조사를 실시하여 경쟁 상품들의 추세선을 도출한다. 이 추세선을 바탕으로 가장 비싼 평형대를 찾아낸다. 그런 다음 건축설계사무소를 방문해 비싼 평형대를 알려주고 가설계에 그 평형대를 최대한 반영해달라고 요청한다. 이러한 요청에 덧붙여 1베이, 2베이, 3베이 중 어떤 구성이 적합한지 상의한다. 또한 발코니, 베란다, 테라스 등 추가적인 시설들을 최대한 반영하여 단위 세대 내부 면적을 늘려달라고 요청한다. 이와 더불어 단위 세대 내외부의 배치를 개선해달라고 요청한다.

이러한 작업 과정을 통해 가설계 단위 세대의 평형을 완성한 후 처음 추세선으로 계산한 평당 매매 가격에 상승 요인들을 반영하여 최종 평당 분양가를 결정한다.

후회하기 싫으면 그렇게 살지 말고,
그렇게 살 거면 후회하지 마라.

— 이문열, 젊은 날의 초상 中 —

제8장

토지 작업 및 매매 계약 체결

43강

토지 작업은 수지 분석 끝낸 후 시작해야

많은 디벨로퍼들이 단위 세대 구성이나 세대수 추정, 수지 분석을 대략적으로 산정한 후 곧바로 토지 계약에 착수하는 경우가 많다. 이는 상당히 무모한 행동이라 아니할 수 없다. 20년 이상 개발사업을 진행해 온 나는 마음에 드는 사업지를 발견하면 토지 작업 전에 최소 10회 이상 현장 답사를 진행한다. 주말과 주중, 낮과 밤을 가리지 않고 다양한 시간대에 답사하여 현장의 다양한 상황을 면밀히 관찰한다. 주중과 주말의 현장 분위기는 확연히 다를 때가 많다. 주말에는 주변 카페나 식당들이 붐비지만 주중에는 상대적으로 한산하다. 어떤 현장은 주중에도 활기가 있어 상가 분양이나 임대 시 높은 가격을 책정할 수 있는 요인으로 작용한다.

또한 시간대별로 그리고 날씨에 따라 현장의 모습이 달라지기 때문에 이 모든 요소를 고려해야 한다. 주변 공인중개사사무소를 방문해 최근 입주한 주택의 임대 상황과 공실률도 확인하여야 한다. 공실률이 높은 지역은 잠재적으로 분양이 어려울 수 있으므로 제외하는 것이 바람직하다.

이후 그 토지에 대해 시장 조사를 진행한다. 시장 조사를 통해 가장 비싼 평형대를 찾은 다음 건축설계사무소를 방문해 그 평형을 적용하여 가설계를 해달라고 의뢰한다. 가설계는 한 번에 끝나지 않고 수십 번의 수정과 검토를 반복한다. 새로운 가설계가 나올 때마다 수지 분석을 통해 사업 수익률과 분양성을 체크하고 또한 리뉴얼할 것들을 체크해 다시 가설계 재수정을 진행한다. 이 과정은 더 이상 수정할 부분이 없다고 판단될 때까지 지속된다. 가설계가 최종적으로 완성되고 필요한 PF 대출을 원활하게 받을 수 있을 정도로 확신이 설 때 비로소 토지 작업에 착수한다.

이렇게 철저한 준비 과정을 생략하고 바로 토지 매매 계약에 들어가는 것은 매우 위험하다. 나중에 PF 대출이 기대보다 적게 나오거나 나오지 않을 수 있으며 부족한 금액만큼 추가로 에쿼티를 확보해야 할 수도 있다. 추가할 에쿼티가 수십억 원에 이르면 사업을 다른 디벨로퍼에게 넘기거나 최악의 경우 사업을 포기해야 하는 결과를 초래할 수 있다.

44강

디벨로퍼의 대부분이 토지 작업에서 무너진다

개발사업에서 토지 매매 계약을 일반 부동산 매매 계약처럼 진행하면 큰 문제가 발생될 수 있다. 일반 부동산 매매 계약은 계약금으로 전체 금액의 10%를 먼저 내고 일정 기간이 지난 후에 중도금으로 20~30%를 추가로 낸 후 소유권 이전 시점에 잔금을 치르는 방식이다. 하지만 개발사업에서는 디벨로퍼가 이러한 방식으로 계약을 진행되면 10중 8~9는 중도에 계약이 중된다.

예를 들어 10명의 토지주가 있다고 하자. 디벨로퍼가 첫 번째 토지주와 일반 부동산 매매 계약을 체결하고 나면 다음 토지주들은 자신의 토지 가격을 올릴 생각을 하게 된다. 첫 계약으로 이미 발을 들여놓았고 나머지 토지를 계약하지 않으면 이미 계약한 토지의 계약금을 떼이기 때문에 가격을 올려도 계약할 수밖에 없을 것으로 생각하기 때문이다. 이렇게 계약이 계속 진행되면 나중에는 사업을 진행하기 어려운 지경까지 금액이 올라간다. 결국 당초 예상한 토지 가격보다 훨씬 높아져 디벨로퍼는 개발사업을 포기하게 된다.

개발사업지 평당가격 (사례)

연번	지번	면적(㎡)	면적(평)	평단가(천원)	매매가(천원)
1	172-12	79.00	23.90	49,006	1,171,238
2	172-11	55.90	16.91	49,010	828,762
3	172-36	162.90	49.28	70,548	3,476,600
4	172-37	213.50	64.58	93,489	6,037,510
5	172-38	30.30	9.17	80,244	3,680,000
6	172-21	121.30	36.69		
7	172-20	139.20			
8	172-23	85.00	76.82	65,087	5,000,000
9	172-30	29.80			
10	172-32	330.60	100.01	79,992	8,000,000
11	172-18	103.40	31.28	73,529	2,300,000
12	172-10	167.30	50.61	41,438	3,100,000
13	172-44	80.00	24.20		
14	172-8	239.00	72.30	94,053	6,800,000
15	172-4	115.00	34.79	65,392	2,275,000
16	172-47	35.30	10.68	50,246	536,631
17	172-41	88.50	26.77	55,473	1,485,000
18	172-7	27.40	8.29	114,596	950,000
합 계		2,103.40	358.93		12,046,631

위의 표는 어떤 개발사업지의 지번별 평당 가격을 나타내고 있다. 지번별 평당 가격을 살펴보면 금액에 큰 차이가 있다는 것을 발견할 수 있다. 평당 가격이 최저 4,143만 원에서 최고 1억 1,459만 원으로 그 차이가 7,316만 원에 달한다. 이처럼 큰 차이는 일반적으로는 이해하기 어려운데 이는 토지 매매 계약의 순서와 관련이 있을 수 있다. 우선 추측하자면 평당 가격이 낮은 토지는 먼저 계약된 것이고 높은 토지는 나중에 계약된 것일 가능

성이 크다.

　또한 토지의 위치에 따른 가격 차이도 한 원인일 수 있다. 일반적으로 대로변의 토지가 안쪽의 토지보다 비쌀 수 있는데 이를 명확히 파악하기 위해 지번도 위에 평당 가격을 표기해서 비교해 보면 알 수 있다. 만약 대로변보다 안쪽 토지를 더 비싸게 샀다면 이는 디벨로퍼가 토지 매매 계약 순서를 잘못 정하여 비효율적인 가격 상승을 초래한 것이라 할 수 있다. 토지는 싼 것부터 사는 것이 바람직하기 때문이다.

　이러한 잘못된 토지 작업은 디벨로퍼로 하여금 처음 예상했던 것보다 훨씬 높은 가격에 토지를 매입하게 만든다. 어떤 경우에는 토지 가격이 지나치게 상승하여 개발사업을 중도에 포기해야 하는 상황까지 이르기도 한다. 이 과정에서 지급한 계약금은 회수할 수 없게 되어 큰 손실을 발생시킨다. 그래서 토지 매매 계약을 할 때는 반드시 조건부 계약을 체결해야 한다는 점을 명심해야 한다. 조건부 계약을 통해 토지 가격 상승의 위험을 최소화하고 계약의 실효성을 높여야 한다.

45강

절대 해약할 수 없는 조건부 계약 체결하기

개발사업에서 토지 매매 계약을 체결할 때 일반 부동산 매매 계약 방식을 적용하는 것은 매우 위험할 수 있다. 특히 매도자가 여러 명일 경우 각각의 토지주와 개별적으로 계약을 체결하는 과정에서 발생할 수 있는 금전적 손실과 계약 해약의 위험을 최소화하기 위해 해약이 불가능한 조건부 계약을 체결해야 한다.

예를 들어 토지주가 열 명이라고 가정했을 때 여덟 명과 계약을 성공적으로 체결한 후 나머지 두 명이 비현실적으로 높은 가격을 요구한다고 상상해 보자. 이 경우 높은 가격에 계약을 체결하면 사업 수익률이 하락하여 사업 진행이 불가능할 수 있다. 그리고 이러한 요구를 수용하지 않고 계약을 포기하게 되면 이미 계약한 여덟 명에게 지급한 계약금은 위약금으로 처리되어 떼이게 된다.

또한 만약 모든 토지주와 계약을 성공적으로 체결한 상태에서 어느 한 토지주가 해약 통지를 해온다면 상황은 더욱 복잡해진다. 특히 해약을 요구하는 토지가 개발사업지 중심에 위치하여 사업지에서 분리할 수 없다면 개발사업은 큰 차질을 빚게 된다. 결국 토지비를 더 지불하여 수습하거나 그렇지 않으면 사업을 포기하거나 두 가지 중 하나를 선택해야 하는 상황에 처하게 된다.

이렇게 야기되는 문제들을 처음부터 차단하기 위해서는 해약이 불가능한 조건부 매매 계약을 체결해야 한다.

조건부 매매 계약은 일반 매매 계약과는 상당히 다른 내용을 첨부하는데 그 목적은 계약의 해약이나 변경을 엄격히 제한하기 위해서다. 그 첨부해야 할 내용 중에 다음 조항은 반드시 넣어야 한다.

---

1. "전체 사업 필지에 대해 3개월 내에 계약을 체결하지 못할 경우 이미 지급된 계약금을 1주일 내에 반환해야 한다. 지정된 기간 내에 계약금을 반환하지 못할 경우 계약금의 배액을 즉시 배상해야 한다."
2. "잔금일 전에는 해약을 요청할 수 없으며 해약 시에는 전체 사업 필지의 계약금에 대한 배액 배상뿐만 아니라 지금까지 개발사업을 위해 투입된 비용과 예상 수익 전액을 배상해야 한다."

조항 1은 개발사업지의 모든 필지에 대한 계약이 완료되지 않

을 경우 계약금을 반환받을 수 있는 보호장치 역할을 한다. 그리고 조항 2는 토지주가 임의로 계약을 해지하거나 재협상을 요구하는 것을 엄격하게 제한하는 것으로서 만약 해약을 시도할 경우 높은 비용 부담을 지게 하여 계약 해지를 방지하는 역할을 한다.

이 두 조항만 계약서에 포함해도 토지 작업에서 실패할 확률은 크게 줄어든다. 이러한 조건부 매매 계약은 이미 체결된 계약을 해지하지 못하게 하는 강력한 장치가 되어 개발사업을 안정적으로 진행하는 데 큰 역할을 하게 된다.

46강

채찍과 당근

개발사업에서 토지 대금 지급 방식은 일반 부동산과는 매우 다르다. 일반 부동산 매매 계약에서는 계약금을 주고 일정 기간이 지난 후 중도금을 준다. 그리고 수개월 내에 잔금을 치른다. 반면 개발사업에서는 계약금을 주고 중도금 없이 잔금을 계약 후 약 1년 후에 치르는 방식으로 진행된다. 디벨로퍼는 이러한 계약 방식을 토지주에게 강하게 요구해야 한다. 이 외에도 디벨로퍼에게 유리한 다양한 조건들을 계약서에 포함시키려고 노력해야 한다.

처음에 조건부 매매 계약서를 토지주에게 제시하면 대부분의 토지주들은 계약 체결을 꺼린다. 이러한 계약은 일반 계약에 비해 토지주에게 매우 불리하기 때문이다. 나는 지금까지 토지주들이 조건부 매매 계약을 따르게 하는 전략으로 토지 가격을 시세

보다 120%까지 높게 제시해 왔다. 이 방법은 개발사업지 전체 필지를 빠른 기간 내 모두 계약하는 데 큰 도움이 되었다.

내 강의를 듣는 수강생들은 "20%를 올려주는 건 너무 많이 올려주는 것 아닌가요?"라고 반문하기도 한다. 하지만 나는 "그렇지 않습니다."라고 답한다. 토지 작업에 들어가기 전에 수지 분석을 통해 토지 가격을 120%로 설정하고도 내가 원하는 사업 수익률이 나오는 것을 미리 확인하기 때문이다. 또한 계약 후 1년이 지나 잔금을 치를 때 토지 가격이 원래의 120%를 훨씬 넘게 상승한 경우를 많이 봐왔기 때문이기도 하다. 따라서 계약금을 올려주는 전략은 토지주들이 계약에 응하도록 유도하는 데 매우 효과적이며 결국 성공적인 개발사업을 이루는 데 큰 역할을 한다.

초보 디벨로퍼들이 흔히 저지르는 실수 중 하나는 계약서에 많은 조건을 붙이면서도 토지 가격을 최대한 깎으려고 하는 것이다. 이로 인해 토지 매매 계약이 장기적으로 지연 또는 실패하거나 그사이에 다른 디벨로퍼가 낚아채 가서 결국 그 토지를 놓치게 되는 경우가 많다. 수지 분석 결과 적정 사업 수익률이 나오면 토지 가격을 과도하게 깎으려 하지 말고 토지를 빨리 매입하는 것이 바람직하다.

47강

토지 매매 계약은 내일로 미루지 마라

디벨로퍼 업계에서 회자되는 말 중에 "오늘 토지 가격이 제일 싸다."라는 말이 있다. 토지 매입에 경험이 많은 디벨로퍼라면 이 말에 고개를 끄덕일 것이다. 실제로 20년 이상의 경험을 가진 나는 개발사업을 하면서 내일 토지 가격이 떨어지는 경우를 단 한 번도 경험한 적이 없다. 오히려 흥정할수록 토지 가격이 상승하거나 그 사이 다른 디벨로퍼가 채가는 경험들을 했다.

하나의 사례로 나는 2000년대 중반에 뉴욕 맨하튼에서 개발사업을 진행하려고 뉴저지 포트리에 지사를 설립하고 직원을 파견했다. 당시 전 세계적으로 부동산 시장이 호황이었는데 직원들이 토지를 찾고 분석하는 동안 다른 디벨로퍼가 채가는 일이 반복되었다. 이러한 경험은 토지 매입 결정을 빠르게 내려야 하는 중요한 교훈이 되었다.

일반적으로 토지를 매입할지 말지 고민하는 동안 토지 가격은 계속 상승한다. 특히 부동산 경기가 좋고 토지의 위치가 우수할수록 많은 디벨로퍼들이 그 토지에 눈독을 들인다. 이러한 경쟁적인 환경에서 프로 디벨로퍼들은 적정한 가격이라 판단될 때 가격을 깎으려 하지 않고 바로 계약을 체결한다. 그들은 오랜 경험을 통해 시간을 끌면서 가격을 흥정하는 것보다는 토지를 빨리 확보하는 것이 실익이라는 것을 알고 있기 때문이다.

또 하나의 사례로 실리콘 밸리에서 한 디벨로퍼가 기술 회사들이 몰려드는 지역에 위치한 토지에 관심을 가지게 되었다. 그러나 토지를 흥정하는 동안 주변의 토지 가격은 급등했고 결국 그 토지는 다른 디벨로퍼에게 더 높은 가격에 팔렸다. 이후 해당 토지에 세워진 건물은 큰 사업 수익을 창출하였으며 처음 토지에 관심을 가졌던 디벨로퍼는 놓친 기회를 후회할 수밖에 없었다.

이와 같은 사례들은 디벨로퍼들에게 신속한 결정과 적극적인 행동의 중요성을 강조한다. "오늘 토지 가격이 제일 싸다."는 말은 토지 가격이 시간이 지날수록 계속 오르고 머뭇거리는 동안 좋은 기회를 잃을 수 있다는 디벨로퍼 업계의 지혜를 담고 있다.

좋은 것을 포기하고 위대한 것을 추구하는 것을
두려워하지 말라.

(Don't be afraid to give up the good
to go for the great.)

— John D. Rockefeller —

제9장

설계 계약 및 건축 허가

48강

설계비를 후하게 주라

나는 강의할 때 "설계비를 깎지 말라"고 항상 강조한다. 그 이유는 특정 개발사업지의 사업성 즉 수익성과 분양성을 높이기 위해 설계 초기 단계에서 진행되는 가설계 과정에서 건축설계사무소에 수많은 리뉴얼 작업을 요구하기 때문이다. 설계비를 아끼려고 하면 필요한 리뉴얼 작업을 충분히 진행할 수 없게 되어 결과적으로 사업의 성공 가능성이 낮아진다.

나의 경우 일반적으로 가설계 리뉴얼 작업은 50~80회 정도 이루어진다. 가설계를 리뉴얼하면 할수록 수익성과 분양성이 상당히 높아지는데 최종 가설계에서 초기 대비 사업 수익률이 2배 이상 증가한 경우도 많다. 예를 들어 초기 가설계에서는 사업 수익률이 10%였던 개발 프로젝트가 최종 가설계에서는 20% 이상의 사업 수익률을 기록하게 되는 경우들이 적지 않다. 이러한 사업 수익률 증가에 비해 설계비 절감은 매우 미미한 수준이다. 따라서 디벨로퍼는 설계비를 절감하는 대신 가설계 리뉴얼을 통한 사업 수익률 상승 및 분양성 제고에 노력하는 것이 바람직하다.

초보 디벨로퍼들은 가설계를 반복하여 리뉴얼할 수 있다는 사실을 모르는 경우가 많다. 심지어 최초 가설계로 수지 분석을 하고 사업성이 없다고 판단하여 토지 작업을 포기하는 경우도 많다. 이런 경우 사업성이 있는 토지를 놓치거나 큰 사업 수익을 창출할 수 있는 기회를 잃게 된다.

그런데 사업성 극대화 작업은 본래 건축설계사무소의 업무가 아니다. 건축설계사무소는 기술적인 설계와 도면 작성에 전문성이 있지만 시장 조사를 통해 사업성을 극대화하는 역할은 디벨로퍼 고유의 몫이다. 디벨로퍼는 시장 상황을 분석하고 고객의 니즈를 파악하며 최적의 사업 모델을 설계해야 한다. 따라서 디벨로퍼는 사업성 극대화를 위해 가설계 리뉴얼을 건축설계사무소에 지속적으로 요구해야 한다. 이를 통해 최적의 설계를 도출하고 사업의 성공 가능성을 높일 수 있다.

49강

설계비, PF 전에는 적게, 후에는 많이 주라

어떤 사업이든 최소한의 자기 자본 즉 에쿼티를 투입하여 최대한의 사업 수익을 추구하는 것이 자기 자본 수익률을 높이는 방법이다. 이는 개발사업에서도 마찬가지다. 일반적으로 개발사업에서는 에쿼티 투입 이외에 대부분의 비용을 PF 대출로 충당한다. 따라서 디벨로퍼는 PF 대출을 받을 때까지는 에쿼티 투입을 최대한 절감하는 전략을 세워야 한다.

PF 대출은 건축 허가를 득한 이후 받을 수 있는 것이므로 건축 허가를 위한 설계 계약은 PF 대출 이전에 하게 된다. 따라서 에쿼티로 설계 계약금 및 PF 대출 전까지 진행한 설계 용역비를 지급해야 한다. 이때 계약 시 건축설계사무소와 협의를 통해 PF 이전에 진행된 설계 용역비의 상당액을 PF 대출 이후로 미루는 방법을 강구할 필요가 있다.

다음 표는 건축설계비 지급 시기와 비율에 대한 사례를 나타낸 것이다. 왼쪽은 일반적인 설계비 지급 사례이고 오른쪽은 내가 사업을 하면서 실제로 설계비를 지급했던 사례이다. 일반적인 사례에서는 PF 대출 전 건축 허가가 완료되기만 해도 설계비의 80%를 지급해야 하지만 내 사례에서는 PF 대출 전에 설계비의 단 15%만 지급하면 된다.

건축 설계비 단계별 지급 비율

일반적인 사례

지급시기	비 율	
설계계약 시	30.00%	
건축허가 접수 시	20.00%	80.00%
건축허가 완료 시	30.00%	
실시도면 납품 시	15.00%	20.00%
사용승인 완료 시	5.00%	
합 계	100%	100%

저자 계약 사례

지급시기	비 율	
설계계약 시 (1차)	2.00%	
설계계약 시 (2차)	3.00%	15.00%
건축허가 접수 시	5.00%	
건축허가 완료 시	5.00%	
PF 기표 시	35.00%	35.00%
실시도면 납품 시	25.00%	50.00%
사용승인 완료 시	25.00%	
합 계	100%	100%

건축설계사무소는 설계 계약을 체결할 때 일반적으로 건축 허가 완료까지 용역비로 전체 용역비의 60~80%를 요구한다. 하지만 실제 건축 허가 완료까지 용역비는 50% 정도면 적당하다. 내가 진행한 설계 계약의 대부분은 건축 허가 완료 시까지 용역비를 전체 용역비의 50%로 책정하고 이 가운데 35%를 PF 대출 시 지급하는 것으로 해도 설계 계약은 체결되었다.

50강

건축 허가, 디벨로퍼가 앞장서서 뛰어라

초보 디벨로퍼들 중에는 건축 허가는 건축설계사무소가 알아서 진행하는 것으로 생각하고 건축설계사무소에 일임하는 경우가 많다. 하지만 이러한 방법은 사업에 큰 손해를 끼칠 수 있다.

건축 허가 과정은 단순히 설계 도면을 제출하고 허가를 기다리는 수준을 넘어서 허가청의 여러 관련 부서를 거쳐야 하며 다양한 심의를 통과해야 한다. 이 과정에서 건축설계사무소와 디벨로퍼의 입장은 다를 수 있다. 일반적으로 건축설계사무소는 가능한 한 문제 없이 건축 허가를 받는 것을 목표로 하며 가장 안전하고 무난한 방향을 추구한다. 반면 디벨로퍼는 사업 수익 증가를 위해 때로는 공격적인 설계 도면을 제출하여 허가받기를 원한다. 공격적인 설계 도면은 심의나 허가 과정에서 부딪히기도 하고 심지어 거절당하기도 한다. 그러면 건축설계사무소에서는 설계 도면을 수정하여 다시 제출하는 상황이 벌어지게 된다.

디벨로퍼는 공격적인 설계를 관철하기 위해 허가청을 직접 방문하여 담당 공무원을 만나거나 심의위원들을 만나 설명하고 자신의 사정을 이야기하는 등 허가 과정에 적극적으로 참여해야 한다. 또한 허가 과정에서 발생할 수 있는 문제점이나 지연 사항을 구체적으로 파악하고 발 빠르게 대응할 필요가 있다.

예를 들어 경관심의 과정에서 때때로 심의 위원들이 건축할 건물의 높이를 낮추라고 권고하는 경우가 있다. 그런데 한 층을 낮출 경우 사업 수익이 크게 감소할 뿐만 아니라 사업 진행 자체가 어려워질 수도 있다. 이러한 상황에서 디벨로퍼는 심의 위원들에게 "건물을 낮추게 되면 사업 수익이 크게 감소하여 사업 자체를 포기해야 할 상황이다."라고 강하게 주장하여야 한다. 그럴 경우 심의 위원들도 "남의 사업을 망칠 수는 없지"라는 생각과 더불어 그 인근 지역 발전을 위해 심의를 통과시켜주는 것이 낫다고 판단하여 대안을 찾아줄 가능성이 높다.

이처럼 단순히 건축설계사무소에 건축 허가의 모든 것을 맡기고 기다리기보다는 디벨로퍼가 건축 허가 과정에 적극적으로 참여하여 문제 발생 시 앞장서서 해결하려는 노력이 필요하다.

51강

시로 갈까? 도로 갈까?

건축 허가를 진행할 때 건물의 규모와 층수에 따라 허가청이 다르게 지정되고 이에 따라 심의 절차도 달라진다. 예를 들어 건물이 30층 이상인 경우 도(또는 특별시, 직할시)에서 허가를 받아야 하고 29층 이하인 경우 시(또는 구청)에서 심의를 받으면 된다. 이러한 규정은 디벨로퍼에게 중요한 결정 요소로 작용한다.

도에서 건축 허가를 받아야 하는 경우 허가 절차가 복잡하고 받아야 할 심의 종류도 많아지기 때문에 디벨로퍼들은 허가 절차가 도에 비해 짧고 심의 종류도 적은 시에서 허가를 받고자 한다. 또한 시로 갈 경우 도에 비해 심의 위원 수가 적고 심의 위원 간의 친밀도가 높아 그 시의 심의 위원이 속한 용역업체를 선정할 경우 심의 과정에서 디벨로퍼의 의견이 좀 더 쉽게 반영될 수 있는 여지가 있다.

하나의 사례로 한 디벨로퍼가 도시 외곽의 작은 시에서 28층 높이의 주상복합아파트를 개발하였다. 이 회사는 지역단위가 작은 시의 허가청을 통해 건축 허가를 진행하게 되었고 그 지역의 심의 위원이 속한 용역업체에 용역을 맡긴 결과 (물론 용역을 맡은 심의 위원은 해당 심의에 참석은 못 하지만) 오랫동안 심의 위원들과의 친분이 있기에 긴밀한 소통을 통해 원활하게 허가를 취득할 수 있었다.

반면 대도시에서 49층 건물을 개발하려던 디벨로퍼는 도의 복잡한 심의 절차와 긴 허가 과정을 거쳐야 했다. 이 디벨로퍼는 심의 과정에서 여러 차례 수정 요구를 받았고 이로 인해 개발 프로젝트 일정이 많이 지연되었고 추가 비용도 적지 않게 발생했다.

위의 사례들로 볼 때 도보다는 시로 가는 것이 건축 허가를 받는 데 여러 가지로 유리하다는 것을 알 수 있다. 그러나 어떤 경우에는 시보다는 도로 가야 할 때도 있다. 특히 분양성을 높여야 할 때가 그렇다. 건축 허가의 편리성보다는 분양성이 훨씬 중요하기 때문이다. 굳이 분양성을 높이지 않고서도 분양이 잘 된다면 시로 가는 것이 타당하지만 분양성이 나쁠 경우 도로 가더라도 층수를 높이고 건폐율을 낮추어 단지 환경을 쾌적하게 하는 등 분양성을 높이는 데 초점을 두는 것이 바람직하다.

꿈을 밀고 나가는 힘은 이성이 아니라 희망이며,
두뇌가 아니라 심장이다.

(The force that drives a dream forward

is not reason but hope, not the brain but the heart.)

— Fyodor Dostoevsky —

제10장

PF 대출

52강

수익률이 높은데, PF는 안 된다고?

디벨로퍼가 PF를 받기 위해 대출 기관을 방문했을 때 종종 기대했던 금액보다 적은 대출을 제안받거나 PF 자체가 어렵다는 답변을 받는 경우가 있다. 이러한 상황이 발생하는 주요 이유 중 하나는 사업 수익률이 낮기 때문이다. 사업 수익률이 낮으면 개발 프로젝트의 재정적 위험이 높아지고 경기 침체 등으로 분양이 잘 안되거나 심지어 할인을 해야 하는 상황에 처하게 되는데 이런 경우 개발 프로젝트가 상당히 위험에 빠질 수 있다.

그러나 수지 분석에서 사업 수익률이 높게 나타나는 상황임에도 불구하고 대출 담당자가 PF 금액을 낮추거나 PF 대출이 어렵다고 답하는 경우도 많다. 이럴 때 디벨로퍼는 이해할 수 없어 하며 "왜 대출을 안 해준다고 하는 거지?"라고 **스스로** 반문하기도 한다. 이런 경우 디벨로퍼는 PF의 문턱이 높다고 느끼고 대출 브로커를 찾아 PF 대출 컨설팅을 의뢰하게 된다. 그러나 이런다고 디벨로퍼가 기대하는 금액의 PF 대출이 이루어지지는 않는다. 왜냐하면 PF 대출은 담당자 혼자서 결정하는 것이 아니라 여러 복잡한 절차와 승인이 요구되기 때문이다.

PF 대출 여부는 개발했을 때 객관적인 자산 가치와 사업성 여부 등을 근거로 결정된다. 이러한 자료는 대출 기관의 자체적 판단이 아닌 외부의 공신력 있는 감정 평가법인과 회계법인에 의뢰하여 만들어진다. 하나의 사례로 주상복합아파트 개발 프로젝트가 있었다. 이 개발 프로젝트는 초기에 대출 기관으로부터 높은 금액의 PF 대출 승인을 기대했으나 개발 감정 평가[26] 결과가 기대보다 낮게 나오면서 PF 대출금이 예상보다 크게 줄었다. 이후 디벨로퍼는 추가 자금을 확보하기 위해 다른 대출 기관을 접촉하였으나 비슷한 이유로 거절당했다. 결국 개발 프로젝트는 예상보다 낮은 수준의 PF 대출금으로 진행해야 했으며 부족한 비용을 확보하느라 여러 어려움을 겪게 되었다.

디벨로퍼는 자신이 기대한 PF 대출금보다 대출 담당자가 낮게 대출금을 제시하는 원인부터 정확히 파악할 필요가 있다. 수익성이 낮은 것인지 아니면 분양성이 낮은 것인지부터 파악하여 대책을 세우는 것이 바람직하다.

---

26) 개발 감정 평가란 어떤 개발사업지를 개발했을 때 그 사업지 가치를 평가하는 평가를 말한다.

53강

수익률보다 분양성 체크부터

디벨로퍼가 PF 대출을 받기 위해 대출 기관을 방문했을 때 예상보다 낮은 대출을 제안받거나 아예 대출이 어렵다는 답변을 받는 경우가 있다. 이는 다른 이유가 있을 수도 있지만 제일 큰 이유는 대출 기관이 개발 프로젝트의 분양성 여부에 의구심을 갖기 때문이다. 분양이 잘 안될 경우 PF 대출금 상환에 문제가 생길 수 있어 대출금을 줄이거나 대출을 거절하기도 한다.

개발사업에서 성공적인 분양은 매우 중요하다. 분양 수입은 개발 프로젝트의 주요 수입원이자 현금 흐름과 PF 대출 상환의 기반이 된다. 일반적으로 디벨로퍼들이 상품 기획을 할 때 분양이 잘 되는 상품 위주로 구성하지만 어떤 경우에는 분양이 잘되지 않는 상품들로 구성하는 경우도 있다. 특히 오피스나 상가와 같은 상품들은 입주 때 가서 분양이 되거나 임대가 시작되기 때문에 분양 수입금 회수가 매우 느리다.

대출 기관은 분양이 빠르게 이루어지는 주거 상품 비율이 높은 개발 프로젝트에 더 유리한 대출 조건을 제공하려고 한다. 예를 들어 디벨로퍼가 주거 상품 비율을 높이고 상업용 상품 비율을 줄여 개발 프로젝트를 설계하면 분양 초기에 빠른 현금 회수가 가능해 대출 기관이 이를 긍정적으로 평가하게 된다. 하나의 사례로 한 중소 규모 디벨로퍼가 서울 외곽에 주거 복합 단지를 계획할 때 처음에는 상업용 상품 비율을 높게 설정했으나 대출 심사에서 부정적인 피드백을 받았다. 계획을 수정해 주거 상품 비율을 높이자 원하는 대출 조건을 확보할 수 있었다.

같은 종류의 상품이라 하더라도 분양이 빨리 될 수도 느리게 될 수도 있다. 하나의 사례로 한 단지 내 아파트를 분양하는데 전용 59㎡와 전용 84㎡를 분양하였다. 그 결과 59㎡가 84㎡에 비해 같은 기간 내 3배 빨리 분양되었다. 같은 아파트를 분양하는 데에도 평형에 따라 분양률에 큰 차이가 날 수 있다. 분양률에 큰 차이가 나타나는지에 대해서는 토지 작업 전 시장 조사 단계에서 미리 확인하여야 한다. 이에 대해서는 29강 '추세선을 그려 비싼 평형대 찾기'에서 살펴보았듯이 그 지역의 가장 비싼 평형대가 가장 수요가 많은 평형대이며 다른 평형대에 비해 분양률도 높다. 그리고 가장 비싼 평형대는 전세가율도 높다. 즉 분양률과 전세가율이 높은 평형대로 상품을 구성하는 것이 PF 대출에서 매우 유리하다. 그리고 그 평형대가 평당 가격도 높기 때문에 사업 수익률도 높다. 다음 그래프는 전용 면적별 청약 경쟁률을 보여주고 있다. 전용 60㎡ 이하가 큰 평에 비해 3배 정도 높다.

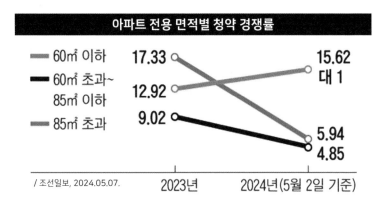

아파트 전용 면적별 청약 경쟁률
- 60㎡ 이하
- 60㎡ 초과~85㎡ 이하
- 85㎡ 초과

17.33 → 15.62 대 1
12.92 → 5.94
9.02 → 4.85

/ 조선일보, 2024.05.07.   2023년   2024년(5월 2일 기준)

종합하면 디벨로퍼는 개발사업지 검토 단계에서부터 분양이 잘 되는 주거 상품 비율을 증가시키고 분양이 어려운 상업용 상품 비율을 낮춰야 한다. 그리고 같은 주거 상품이라 하더라도 가장 비싼 평형대로 구성하여야 한다. 이렇게 하면 대출 기관이 PF 대출금 회수에 문제가 없다고 판단하게 된다.

54강

PF, 많이 받을수록 좋을까?

PF 대출금이 높을수록 개발 프로젝트를 안정적으로 진행할 수 있다는 긍정적인 측면이 있지만 많이 받는 것이 항상 좋은 것은 아니다. 대출 금액이 높아질수록 이자, 수수료, 각종 비용도 함께 증가해 사업 수익이 낮아질 수 있으므로 적절한 대출 금액을 대출 기관과 협의하여 결정하는 것이 바람직하다.

그런데 분양 비용만큼은 넉넉하게 책정하는 것이 좋다. 사업을 진행하다 보면 분양이 생각만큼 잘 안되었는데도 불구하고 광고비가 바닥나는 경우가 있다. 이런 경우 광고비를 더 투입해야 하는데 만약 그렇지 못할 경우 사업 진행에 심각한 차질을 빚게 되어 개발 프로젝트 자체가 곤란해질 수 있다. 분양이 당초 예상보다 잘되지 않을 때 추가 분양 비용 마련을 위해 대출 기관에 추가 자금 지원을 요청하게 되면 대부분 거절당하거나 설령 추가 자금 지원이 승인되더라도 이에 따른 비용이나 조건이 이전보다 나쁠 수도 있다.

　PF 대출을 협의할 때 이미 협의하고 있는 대출 기관에서 분양 비용을 넉넉히 책정해 주면 좋지만 그렇지 못을 경우 다른 대책을 마련해야 한다. 그 첫 번째 대책으로는 다른 대출 기관들과도 PF 대출에 대해 협의를 하는 것이다. 많은 디벨로퍼들이 대출 기관들의 대출 조건이 비슷할 것으로 생각하지만 실제로는 그렇지 않다. 어떤 기관은 이자를 올리면서 대출금을 증액 해주기도 하고 같은 대출금이라도 이자, 수수료, 각종 비용에 큰 차이가 나기도 한다. 이런 경우 대출금을 증액하여 분양 비용을 더 확보하거나 대출 비용을 줄여서 분양 비용을 더 확보할 수 있다.

　두 번째로 시행사 운영비, 민원 처리비 등을 넉넉히 책정해 놨다가 추가 분양 비용이 필요할 때 다른 비용을 분양 비용으로 전용하는 방법이다. 일반적으로 대출 기관이나 시공사는 분양의 중요성을 누구보다도 잘 알기 때문에 전용 요청에 반대하지는 않을 것이다.

　세 번째로 분양 대행사에게 분양 대행 수수료를 증액시켜 주면서 광고비를 전가하는 방법이다. 이 방법은 광고비를 분양 대행사가 떠안기 때문에 추가 분양 비용 마련이 필요 없고 대행 수수료는 분양이 됐을 때 지급하는 것이라서 증액하더라도 대출 기관이나 시공사는 받아들이는 편이다.

55강

대출 기관들을 경쟁시켜라

    초보 디벨로퍼들이 PF 대출 담당자를 만나러 갔다가 바로 '금융 자문 계약서'를 작성하는 경우가 많다. 합리적이고 양심적인 대출 담당자를 만나면 그나마 다행이지만 그렇지 않은 경우 PF 대출에 따른 비용이 상당히 증가할 수 있다.

    다음 표는 한 개발사업지의 대출 기관별 브릿지론 대출 조건을 비교한 표이다. 내용을 보면 담보 감정 가액도 다르고 그에 따른 대출 금액도 다르다. 비용 합계를 보면 194.43억 원에서 202.97억 원까지 15억 원 이상 차이가 난다. 이 차이는 적지 않은 차이라 할 수 있다. 그리고 선취 수수료를 보면 B와 D 대출 기관은 선순위만 1% 있고 후순위는 아예 없는 데 비해 A 대출 기관은 후순위 선취 수수료로 8.0%, 4.84억 원을 더 책정하고 있다. 이자 또한 B와 D 대출 기관은 선순위만 4.5~5%이고 후순위는 아예 없는데 비해 A 대출 기관은 후순위 이자로 8.0%, 4.4억 원을 더 책정하고 있다.

이렇듯 대출 기관에 따라 대출 금액과 대출 조건들에 있어 큰 차이가 있다는 것을 알 수 있다. 디벨로퍼는 대출 금액과 대출 조건들을 잘 비교하여 자신에게 가장 적합하고 유리한 대출 기관을 선택하는 것이 필요하다.

대출기관별 브릿지론 대출 조건 비교 (사례)

(1,000원,VAT포함)

구 분		A 대출기관		B 대출기관		C 대출기관		D 대출기관	
		요율	금 액	요율	금 액	요율	금 액	요율	금 액
담 보 감 정 가			24,613,478		24,573,242		25,500,000		25,400,473
대출금액	선순위	65.4%	16,100,000	76.5%	18,800,000	76.5%	19,500,000	76.8%	19,500,000
	후순위	22.3%	5,500,000	0.0%	0	0.0%	0	0.0%	0
	대출금 합계	87.8%	21,600,000	76.5%	18,800,000	76.5%	19,500,000	76.8%	19,500,000
금융수수료 및 부대비	선순위선취수수료	1.0%	161,000	0.5%	94,000	1.0%	195,000	1.0%	195,000
	후순위선취수수료	8.0%	484,000	0.0%	0	0.0%	0	0.0%	0
	담보신탁수수료	0.1%	25,920		10,000		20,000		0
	감정평가수수료		14,868		14,810		17,000		22,000
	신탁등기비		18,720		33,000		9,600		30,000
	자금관리대리사무수수료		11,000		5,500		11,000		0
	금융자문수수료	1.5%	356,400	1.5%	310,200	1.0%	195,000	1.5%	321,750
	주간금고수수료(선순위)	0.5%	88,550		0		0		0
	법률자문수수료		16,500		22,000		22,000		22,000
	사업성평가수수료		44,000		0		0		0
	후순위SPC유동화비용		33,000		0		0		0
	차주SPC설립수수료		1,600		11,000		0		0
	대리은행수수료		0		30,000		0		0
	소 계		1,255,558		530,510		469,600		590,750
이자유보	이자유보액(선순위)	4.5%	724,500	5.0%	940,000	4.5%	877,500	5.0%	975,000
	이자유보액(중순위)	-	0	-	0	-	0	-	0
	이자유보액(후순위)	8.0%	440,000	0.0%	0	0.0%	0	0.0%	0
	소 계		1,164,500		940,000		877,500		975,000
토지비	토지대		16,460,588		16,460,588		16,090,588		16,460,588
	명도비		198,000		198,000		198,000		198,000
	연체이자		22,429		22,429		22,429		22,429
	중개수수료(동지)		80,500		80,500		80,500		80,500
	취득세		902,360		910,000		935,000		902,360
	법무사수수료		33,000		33,000		0		33,000
	감평비용(현상태,토지/건물)		11,000		11,000		0		11,000
	소 계		17,707,877		17,715,517		17,326,517		17,707,877
기타	철거비		169,400		0		169,400		169,400
	원천세		0		71,785		0		0
	예비비		1,302,665		-457,812		656,983		56,973
	소 계		1,472,065		-386,027		826,383		226,373
비용 합계 (예비비 제외)			20,297,335		19,257,812		18,843,017		19,443,027

56강

대출 계약서 날인 전 꼼꼼히 살펴봐야

날인은 문서에 법적 구속력을 부여하는 중요한 역할을 한다. 날인을 하는 행위는 그 문서가 법적 효력을 갖추었음을 의미하며 문서에 날인한 개인이나 기업은 그 내용을 이행해야 할 의무가 있다. 그리고 만약 이를 이행하지 못할 경우 법적 책임을 져야 한다. 이러한 책임은 계약 위반 시 피해 보상이나 손해 배상으로 이어질 수 있으며 사업에 큰 영향을 미칠 수 있다. 따라서 계약서에 날인하기 전에는 문서의 내용을 자세히 검토하고 전문 변호사로부터 자문받아 진행하는 것이 바람직하다.

특히 대규모 PF 대출의 경우 이러한 준비는 더욱 중요하다. 하나의 사례로 어떤 디벨로퍼가 대형 주택 개발 프로젝트를 위해 PF 대출을 받는데 그 '대출 계약서'에 이러한 내용이 있었다.

> "만약 입주자 모집 공고 승인일로부터 6개월이 지난날 또는 최초 PF 대출 인출일로부터 12개월이 지난날 중 먼저 도래하는 날까지 분양률이 30%에 미치지 못하면 최초 분양가의 20%를 할인해야 한다."

디벨로퍼는 분양에 자신이 있었기에 이 내용에 대해 어떤 이의를 제기하지 않고 대출 계약서에 날인하였다. 하지만 개발 프로젝트를 진행하면서 예상치 못한 지연 사항이 발생하였다. 이로 인해 입주자 모집 공고 승인이 예정보다 훨씬 늦어져서 최초 자금 인출 후 11개월이 지나서야 입주자 모집 공고 승인이 났다. 이로 인해 분양을 시작할 수 있는 기간이 거의 소진되어 1개월도 안 남은 기간에 분양률 30%를 달성하지 못하게 되었다. 결국 개발 프로젝트는 20%의 할인을 할 수밖에 없었고 그로 인해 그 개발 프로젝트는 상당한 사업상 손해를 입게 되었다.

위의 사례는 계약서 날인 전에 모든 조건을 면밀히 검토하고 가능한 모든 시나리오를 고려하여 협상하는 것이 얼마나 중요한지를 잘 보여주고 있다.

제11장

시공사 선정

57강

브랜드, 비싼 만큼 제값 한다

    시공사의 브랜드는 부동산 분양 시장에서 큰 비중을 차지한다. 브랜드는 단순한 이름이나 로고를 넘어 시공사의 이미지, 가치, 제품의 질, 경쟁력을 포함한다. 유명 브랜드가 붙은 아파트는 높은 인지도와 신뢰를 바탕으로 높은 분양가격에도 불구하고 성공하는 사례가 많다. 그러나 비 브랜드인데도 불구하고 저렴한 분양 가격과 상품의 경쟁력을 갖추어 성공하는 사례들도 적지 않다.

    유명 브랜드로 분양에 성공한 대표적인 사례로 '아크로리버파크'를 들 수 있다. 아크로리버파크는 한강변에 위치한 초고급 아파트 단지로 최고급 자재와 첨단 기술을 사용한 인테리어, 뛰어난 입지 여건, 다양한 편의시설 등을 갖추고 있어 높은 분양가에도 불구하고 성공적으로 분양되었다. 이 단지는 강남의 프리미엄 주거지로 자리매김하며 하이앤드 아파트의 성공적인 사례로 평가받고 있다.

반면 비 브랜드로 분양에 성공한 대표적인 사례로는 세곡동 '라피아노'를 들 수 있다. 라피아노는 대형 건설사의 브랜드 없이도 고급스러운 디자인과 프리미엄 자재, 우수한 입지 조건, 세심한 설계로 주목받아 성공적으로 분양되었다. 이 단지는 저층 빌라 형태의 주택으로 프라이버시를 중시하는 고급 주거 수요를 충족시키며 강남의 새로운 하이앤드 주거지로 자리매김했다.

아파트 브랜드 평판 순위 (2022.12 기준)

순위	아파트 브랜드	건설사명	브랜드평가지수	순위	아파트 브랜드	건설사명	브랜드평가지수
1	힐스테이트	현대건설	4,353,021	13	SK뷰	SK건설	822,015
2	푸르지오	대우건설	3,444,136	14	호반베르디움	호반건설	775,049
3	자이	GS건설	2,872,776	15	서희스타힐스	서희건설	767,612
4	E편한세상	DL이앤씨	2,629,552	16	하늘채	코오롱글로벌	747,137
5	아이파크	현대산업개발	2,385,753	17	한라비발디	한라건설	707,934
6	래미안	삼성물산	2,382,233	18	데시앙	태영건설	662,957
7	롯데캐슬	롯데건설	2,359,557	19	코아루	한국토지신탁	618,910
8	더샵	포스코건설	2,302,341	20	센트레빌	동부건설	523,197
9	환화포레나	한화건설	1,219,621	21	스위첸	KCC건설	436,182
10	위브	두산건설	945,005	22	리슈빌	계룡건설	412,703
11	더플레티넘	쌍용건설	940,112	23	벽산블루밍	벽산건설	320,156
12	우미린	우미건설	866,032	24	동문굿모닝힐	동문건설	254,444
13	SK뷰	SK건설	822,015				

/ 한국기업평판연구소 빅데이터 분석결과, 2022.12.19.

결론적으로 브랜드 선택은 분양 가격, 입지 여건, 단지 환경, 단위 세대의 내부 면적과 구조, 구매자 분석 등 다양한 요인을 고려해 합리적인 선택을 하여야 한다. 브랜드 선택은 시장에서의 위치를 결정짓는 중요한 요소로 작용하며 이는 최종 분양성에 직접적인 영향을 미친다.

58강

사업성이 좋을수록 분양불을 높일 수 있다

개발사업에서 공사 비용은 대부분 시공사인 건설사에게 지불된다. 시공사에게 공사비를 지불하는 방식에는 두 가지가 있다. '분양불'과 '기성불'이다.

분양불은 분양을 통해 들어오는 계약금이나 중도금, 잔금 등으로 시공사에게 공사비를 지불하는 방식이다. 분양 성과에 따라 시공사가 공사비를 받는 시점이 결정되며 분양이 잘되면 공사비 회수가 확실해진다.

기성불은 공사의 진척도에 따라 공사비를 지불하는 방식이다. 예를 들어 공사가 50% 진행되었다면 그에 해당하는 공사비의 50%를 지불한다. 이 방식은 분양 성과와 관계없이 공사가 진행됨에 따라 안정적으로 공사비를 받을 수 있다.

일반적으로 두 방식을 혼합해서 사용한다. 기성불 비율이 높을 경우에는 공사 진행에 따라 분양불 비율이 높을 경우에는 분양 성과에 따라 공사비를 지불한다. 이는 개발 프로젝트의 분양성, 시공사의 책임 준공 능력, 시행사의 자금 조달 능력 등을 고려하여 디벨로퍼, 시공사, PF 대출 기관이 협의하여 결정한다.

시공사는 공사를 진행한 만큼의 비용을 안정적으로 받을 수 있는 기성불 방식을 선호한다. 이는 분양 성과에 영향을 받지 않기 때문에 예측 가능한 시공 수익을 제공한다. 그러나 자금 조달 능력이 부족한 디벨로퍼 입장에서는 공사비를 높게 책정하더라도 분양불 비율을 높이기를 원한다.

디벨로퍼 입장에서는 분양불 비율이 높으면 자금 조달 부담이 줄어들고 PF 대출금과 금융비용을 낮출 수 있다. 그러나 분양 성과가 기대에 미치지 못하면 시공사는 공사비 회수에 어려움을 겪을 수 있다. 따라서 시공사는 사업의 수익성과 분양성을 분석한 후 기성불 또는 분양불 방식과 분양률 비율을 결정한다.

결론적으로 분양불을 높이려면 사업 초기부터 수익성과 분양성이 좋은 상품 개발에 주력해야 한다. 이는 디벨로퍼와 시공사 모두에게 더 나은 조건을 제공하고 금융 비용을 최적화하며 사업의 성공 가능성을 높이는 방법이다.

59강

신용등급이 높은 시공사는 분양불을 좋아한다

우리나라 부동산 시장에서 선분양 제도는 일반적이다. 선분양은 아파트나 오피스텔 같은 건물이 착공될 시점에 분양을 시작해 구매자로부터 계약금과 중도금을 받아 사업 자금을 조달하는 방식이다. 이 방식은 디벨로퍼에게 자금 조달 비용을 줄이는 데 유리하며 주택 구매자에게는 저렴한 가격에 주택을 미리 매입할 기회를 제공한다. 그러나 선분양 방식에는 몇 가지 리스크가 따른다. 첫째, 공사의 질이 기대에 미치지 못할 수 있다. 둘째, 시공사가 경제적 어려움에 처할 경우 공사 중단 등 구매자들이 피해를 입을 수 있다.

이러한 선분양 방식의 리스크를 헤지하기 위해 '책임 준공'이라는 개념이 등장하였다. 책임 준공이란 시공사가 다양한 위험 요소에도 불구하고 예정된 기간 내에 건물을 완성할 책임을 지는 것을 의미한다.

2022년도 종합건설사업자 시공능력평가액 (토목건축공사업)

1	삼성물산 주식회사	서울	35	(주)부영주택	서울	69	경남기업(주)	충남
2	현대건설(주)	서울	36	(주)금강주택	서울	70	삼부토건(주)	서울
3	디엘이앤씨(주)	서울	37	아이에스동서(주)	서울	71	주식회사 보미건설	서울
4	(주)포스코건설	경북	38	효성중공업(주)	서울	72	(주)태왕이앤씨	대구
5	지에스건설(주)	서울	39	에스지씨이테크건설(주)	서울	73	디에스종합건설(주)	광주
6	(주)대우건설	서울	40	엘티삼보(주)	부산	74	(주)우미개발	광주
7	현대엔지니어링(주)	서울	41	(주)에이치제이중공업	부산	75	대우산업개발(주)	인천
8	롯데건설(주)	서울	42	화성산업(주)	대구	76	동문건설(주)	서울
9	에스케이에코플랜트(주)	서울	43	명우건설(주)	서울	77	요진건설산업(주)	강원
10	에이치디씨현대산업개발(주)	서울	44	(주)한 양	인천	78	(주)삼정기업	부산
11	(주)호반건설	서울	45	(주)라인건설	전남	79	계성건설(주)	전북
12	디엘건설(주)	인천	46	(주)금성백조주택	대전	80	(주)원건설	충북
13	(주)한화건설	경기	47	(주)서 한	대구	81	혜림건설(주)	광주
14	대방건설(주)	경기	48	중흥건설(주)	전남	82	(주)협성종합건업	부산
15	금호건설(주)	전남	49	(주)동양건설산업	경기	83	대우조선해양건설(주)	경기
16	코오롱글로벌(주)	경기	50	씨제이대한통운(주)	서울	84	주식회사 소노인터내셔널	강원
17	(주)태영건설	경기	51	(주)대광건영	광주	85	따인건설(주)	대전
18	중흥토건(주)	광주	52	진흥기업(주)	인천	86	삼환기업(주)	서울
19	계룡건설산업(주)	대전	53	에이스건설(주)	서울	87	(주)모아종합건설	광주
20	제일건설(주)	전남	54	대보건설(주)	경기	88	강산건설(주)	서울
21	(주)서희건설	경기	55	보광종합건설(주)	광주	89	(주)우남건설	경기
22	두산에너빌리티(주)	경남	56	신동아건설(주)	경기	90	대성건설(주)	경기
23	동부건설(주)	서울	57	(주)시티건설	서울	91	자이에스앤디(주)	서울
24	두산건설(주)	서울	58	(주)우 방	대구	92	(주)금성백조건설	세종
25	한신공영(주)	경기	59	(주)성도이엔지	서울	93	동아건설산업(주)	서울
26	삼성엔지니어링(주)	서울	60	(주)케이알산업	경기	94	이수건설(주)	서울
27	(주)케이씨씨건설	서울	61	동원건설산업(주)	경기	95	(주)선경이앤씨	경기
28	(주)동원개발	부산	62	경동건설(주)	부산	96	(주)동일스위트	부산
29	우미건설(주)	전남	63	(주)대원	충북	97	금광기업(주)	전남
30	(주)호반산업	경기	64	남광토건(주)	경기	98	(주)흥화	경북
31	(주)한라	서울	65	일성건설(주)	인천	99	(주)협성건설	부산
32	(주)반도건설	서울	66	극동건설(주)	부산	100	(주)화성개발	대구
33	쌍용건설(주)	서울	67	(주)유승종합건설	인천			
34	신세계건설(주)	서울	68	(주)라인산업	광주			

/ 한국금융신문, 2022.02.31.

책임 준공은 PF 대출을 해주는 대출 기관 입장에서도 중요한 요소다. 대출 기관은 대출금을 안정적으로 회수하기 위해서는 공사가 하자 없이 완성되어야 하기 때문에 시공사가 공사를 완성할 것을 보증하는 '책임 준공 확약'을 요구한다. 책임 준공 확약은 주로 세 가지 방법으로 이루어진다. 첫째, 신용등급이 A 이상이고 도급 능력이 상위 100위 안에 드는 1군 건설사가 확약하는 방식이다.[27] 1군 건설사가 책임 준공을 확약하면 PF 대출금과 금리가 낮아지지만 공사비는 비싸진다. 둘째, 신탁사가 시공사의 책임을 연대 보증하는 방식이다. 이 경우 신탁사는 일정 수수료를 받고 시공사의 신용을 강화해 준다. 셋째, 시공사 자체가 1군 시공사의 기준에 미치지 못하더라도 모기업이 책임 준공을 보증해 주면 확약이 가능하다. 이 방식은 모기업의 재무적 안정성과 신뢰도에 기반을 둔다.

결론적으로 선분양 제도와 책임 준공 확약은 디벨로퍼와 시공사 모두에게 중요한 전략적 요소다. 디벨로퍼는 선분양을 통해 자금조달 비용을 줄이고 시공사는 책임 준공 확약을 통해 공사의 안정성을 보장받는다. 이를 통해 양측은 리스크를 최소화하며 성공적인 개발 프로젝트를 진행하게 된다.

---

27) 여기에 해당하는 국내 건설사는 20개 정도이다.

60강

시공 계약은 반드시 턴키로

　개발사업에서 디벨로퍼와 건설사 간의 시공 계약은 안정적인 개발 프로젝트 진행을 위한 중요한 요소다. 일반적으로 시공사는 물가 상승이나 인건비 증가 같은 변수에 대비해 계약서에 조건을 달아 공사비를 상승시킬 여지를 남겨둔다. 이런 조항은 자재비나 인건비 등이 오를 때마다 시공사가 공사비를 증액할 수 있는 권리를 부여하는 것인데 이는 디벨로퍼에게 불리한 조건이다.

　이 경우 디벨로퍼가 고려해 볼 수 있는 대안 중 하나가 '턴키 계약'이다. 턴키 계약에서는 공사 비용을 미리 확정하고 그 비용 내에서 시공사가 개발 프로젝트 전반의 설계부터 시공, 재료 구입, 설비 설치, 심지어 운영 준비까지 모든 과정을 책임지고 관리하는 방식이다. 디벨로퍼는 개발 프로젝트에 직접 관여하지 않고 단지 완성된 건물을 받으면 되므로 공사에 대한 깊은 전문 지식이 없는 디벨로퍼에게 매우 적합한 계약 방식이다.

턴키 계약의 장점은 매우 많다. 우선 개발 프로젝트의 모든 리스크는 시공사가 진다. 건설 과정에서 발생할 수 있는 문제나 지연, 비용 증가 등이 발생하더라도 추가 비용 부담은 시공사에 있다. 디벨로퍼 입장에서는 공사비가 확정되어 있기 때문에 개발 프로젝트의 예산 관리를 용이하게 할 수 있다. 이 방식은 디벨로퍼가 예산 초과를 걱정하지 않고 개발 프로젝트를 진행할 수 있게 해준다.

하나의 사례로 어떤 중소 규모의 디벨로퍼가 주거 단지 개발을 위해 턴키 계약을 체결했다. 이 디벨로퍼는 건설 관련 전문 지식이 많지 않았기 때문에 모든 건설 책임을 시공사에게 맡겨 개발 프로젝트의 위험을 줄이고자 했다. 결과적으로 시공사는 확정된 공사비 내에서 모든 건설 작업을 성공적으로 수행했고 디벨로퍼는 별도의 비용 부담 없이 원하는 시점에 품질이 보장된 건물을 인수할 수 있었다.

이처럼 턴키 계약은 고정된 비용과 명확한 책임 소재로 인해 개발 프로젝트의 불확실성을 줄이며 디벨로퍼에게는 계획한 예산 내에서 개발 프로젝트를 완료할 수 있는 안정성을 제공한다.

제12장

개발의 구부능선, 분양

61강

분양이 잘 되면 디벨로퍼는 특갑이 된다

개발사업에서 디벨로퍼는 대출 기관이나 시공사와 계약서를 작성할 때 항상 '갑' 란에 날인하게 된다. 그 이유는 디벨로퍼가 사업의 주체일 뿐만 아니라 토지 및 사업권을 소유하고 비용을 지급하는 입장에 있기 때문이다. 그러나 계약 당시 디벨로퍼는 명목상 '갑'일 뿐 실제로는 PF 대출금 이자 및 각종 수수료, 공사비 등 각종 비용에 족쇄가 채워져 있다.

PF 대출을 받을 때 신탁 등기를 하게 되는데 이때 '우선 수익자'라는 용어가 등장한다. 우선 수익자는 대출 기관이나 시공사 등이며 이들 사이에서 동순위 또는 제 1 우선 수익자, 제 2 우선 수익자 등으로 나뉜다. 그리고 디벨로퍼는 최하 순위인 '수익자'에 해당한다. 사업 진행 중 수입이 발생하면 신탁사는 우선 수익자의 순위에 따라 대출 원금, 이자, 공사비, 용역비 등을 지급하고 남은 돈을 디벨로퍼에게 지급한다. 기타 채권자들이 있는 경우 디벨로퍼의 수익권에 압류, 질권 등을 설정할 수 있으며 신탁사는 이 또한 디벨로퍼의 몫에서 먼저 지급하고 남은 돈을 디벨로퍼에게 지급한다. 그래서 디벨로퍼는 족쇄를 찬 명목상 '갑'에 불과한 것이라 할 수 있다.

그러나 비용이나 부채를 다 변제하지 않았어도 명목상 '갑'이 아닌 '특갑'이 되는 순간이 있다. 대출 기관이나 시공사 입장에서 판단할 때 "이 정도 분양이 됐으면 중도금과 잔금이 별 탈 없이 들어올 경우 부채 변제에는 문제가 없겠네"라고 판단하는 시점이 그 순간이다.

'특갑'이 된 디벨로퍼에 대한 예우는 그 전과 많이 다르다. 채무자에서 우량 고객이 되는 것이다. 우선 수익자나 채권자는 돈 받는 데 문제가 없다고 판단되어 변제를 느긋하게 기다려 준다. 대출 기관은 디벨로퍼에게 적극적으로 "차기 사업을 준비하고 있느냐? PF 때보다 이자나 수수료를 더 낮춰줄 테니 대출을 받아라"라고 제안한다. 이는 분양이 잘 되어 대출을 더 해줘도 대출금 회수에는 별문제가 없다고 보기 때문이다. 대출 기관뿐만 아니라 시공사나 다른 용역사, 채권자들도 우호적이다. 따라서 초보 디벨로퍼들은 분양성이 얼마나 중요한지를 명심하기 바란다.

62강

분양 비용은 넉넉히 준비해야 한다

수지 분석은 개발 프로젝트의 자금 계획을 수립할 때 중요한 도구다. 이 분석에는 '분양 비용'이라는 항목이 있는데 이는 모델하우스 임차료, 분양 조직 운영비, 분양 홍보 및 광고비, 분양 대행 수수료 등이다.

시장 상황이나 여러 외부 요인으로 인해 분양이 계획대로 진행되지 않을 때가 많다. 분양이 예상보다 더디게 진행될 경우 예상한 분양 수입이 들어오지 않아 개발 프로젝트의 수지가 악화하고 수지가 악화하면 현금 흐름이 부정적으로 변하고 결국 개발 프로젝트 자체가 위험에 직면할 수 있다.

이러한 사태를 막기 위해 디벨로퍼는 추가적인 분양 비용을 조속히 조달해야 한다. 그 방법으로 첫 번째로 우선 수익자로부터 분양 비용 증액을 요청한다. 이를 승인받기 위해서는 현재까지의 분양률이 중요한 판단 기준이 된다. 현재까지 분양률이 저조하다면 승인은 불가능하다. 하지만 분양 비용을 좀 더 투입하여 목표 분양률 달성이 가능하다고 판단되면 승인이 가능해진다. 물론 추가 자금 지원 시 이자와 수수료 등 조건은 PF 대출 때보다 불리하다.

두 번째로 디벨로퍼가 외부로부터 자금을 차용하거나 에쿼티를 투입하는 방법이 있다. 이 방법은 디벨로퍼의 능력에 따라 큰 차이가 있다.

세 번째로 분양 대행사에게 분양 대행 수수료를 증액시켜 주면서 광고비를 전가하는 방법이 있다. 하나의 사례로 지방의 호텔 분양을 진행할 때 처음에는 광고비를 디벨로퍼가 다 부담하고 분양 대행사는 1채 분양할 때마다 1,000만 원의 수수료를 받는 조건이었다. 그러나 분양이 부진해지자 디벨로퍼는 광고비를 분양 대행사가 부담하는 대신 분양 대행 수수료를 2,000만 원으로 올려주는 방식으로 전환했다. 그랬더니 분양 대행사에서 연고나 지인을 상대로 판매하는 방식인 조직 분양을 통하여 분양을 완료하였다. 분양 비용 조달이 어려울 때 이 방법은 매우 유용하다.

마지막으로 PF 대출을 받을 때 분양 비용을 넉넉히 책정해 놓는 방법이 있다. 이에 대해서는 54강 'PF, 많이 받을수록 좋은가?'에서 다루었으니 참조하기 바란다.

63강

타깃이 정확하면 분양 비용을 확 줄일 수 있다

총을 쏠 때 정확한 타깃을 목표로 해야 한다는 것은 당연한 이치다. 목표가 아닌 다른 곳에 총을 쏘는 것은 좋은 결과를 얻지 못한다. 이러한 원칙은 분양에도 그대로 적용된다. 분양에서 목표로 하는 것은 정해진 시간 안에 목표 분양률을 달성하는 것이고 이를 위해서는 정확한 타깃을 설정하는 것이 필수적이다. 분양 대상이 되는 잠재 구매자들을 정확히 파악하고 그들에게 효과적으로 다가갈 수 있는 마케팅 전략을 세워야 한다.

타깃을 명확히 설정하면 마케팅이나 광고 등에 드는 분양 비용을 상당히 절감할 수 있다. 이는 적을 정확히 조준하여 총알 낭비를 막는 것과 같으며 잠재 구매자들에게 정확히 메시지를 전달함으로써 분양 효과를 극대화할 수 있다.

하나의 사례로 어떤 디벨로퍼가 서울 한남동 소재 고급 주택 단지를 분양하였다. 이 디벨로퍼는 먼저 해당 지역의 수요층을 정밀하게 분석하였다. 이를 토대로 주로 고소득 전문직 종사자와 사업가를 대상으로 한 타깃 마케팅 전략을 수립하였다. 고급스러운 주택 특성과 타깃 고객의 라이프 스타일에 맞춰 세밀하게 광고 캠페인을 진행하고 전문직 협회나 비즈니스 클럽을 통해 직접 홍보를 하였다. 결과적으로 당초 책정된 분양 비용을 초과하지 않으면서도 계획된 기간 내에 분양을 마감하였다.

또 하나의 사례로 어떤 디벨로퍼가 대학가 근처에 저렴한 가격의 아파트를 분양하고자 하였다. 이 디벨로퍼는 대학생과 젊은 직장인을 주요 타깃으로 삼아 소셜 미디어와 온라인 광고에 중점을 두었다. 대학 내의 커뮤니티나 학생 조직과 협력하여 행사를 열고 온라인 포털에 광고를 게재하여 대상 고객에게 다가갔다. 이런 집중된 접근 방식으로 분양 비용을 효율적으로 사용하여 계획된 기간 내에 분양을 마감하였다.

이러한 사례들은 분양 시 정확한 타깃 설정의 중요성과 그에 따른 비용 절감의 효과를 잘 보여준다. 분양의 성공은 정교한 타깃 마케팅과 광고 전략에 의해 크게 좌우되며 이는 분양 비용을 절감하는 데에 크게 기여한다.

64강

타깃은 개발사업지 가까이 있다

부동산 분양 시 타깃 설정은 성공적인 판매 전략의 핵심이다. 타깃 설정을 제대로 하려면 부동산의 특성인 '위치의 고정성'을 이해해야 한다. 부동산은 한 번 지어지면 위치가 고정되기 때문에 특정한 주소를 정할 수 있다.

분양받을 구매자들은 이미 거주지가 있으며 그곳에는 고유한 주소가 있다. 최근 분양한 아파트 단위 세대별 등기부등본을 발급받아 분석해 보면 소유자의 거주지 주소가 나타난다.[28] 이를 분석하면 아파트 구매자들이 자신이 살고 있는 지역이나 인접 지역에서 분양받는 경향이 높다는 것을 알 수 있다.

---

28) 분양받은 구매자가 직접 들어와서 사는 경우는 주소지가 분양받은 아파트로 이전되어 있지만 분양을 받고 세를 놓으면 분양받을 당시의 주소지에 그대로 살 거나 이사를 하더라도 인근으로 이사해 사는 경우가 많다.

다음 그래프는 서울 광진구 광장동 소재 '광장GS자이' 소유자 거주지 분포를 보여주고 있다. 이는 그 아파트의 소유자 등기부등본을 발급받아 조사한 것으로 광진구 주소를 가진 사람들의 비율이 41%로 매우 높고 이어 인접한 강남구 12%, 송파구와 성동구 6%로 이 네 지역의 거주자만 59%를 차지하고 있다. 이는 광진구와 그 인근 지역 거주자들이 광진구 소재 아파트에 높은 관심을 갖고 있음을 시사한다.

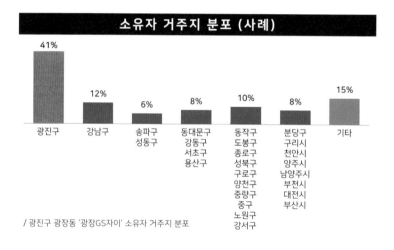

/ 광진구 광장동 '광장GS자이' 소유자 거주지 분포

등기부등본을 분석하여 구매자 지역 분포를 알게 된 디벨로퍼는 광고 전략을 어떻게 세울려고 할까? 일반적인 신문, TV, 인터넷 광고 등 전국구 광고보다는 해당 구 및 인접 구를 타깃으로 광고 예산을 편성하려 할 것이다. 요즘은 지역, 나이, 성별 등을 세분화하여 타겟팅할 수 있는 소셜 네트워킹 서비스(SNS) 홍보를 선호한다. 핀셋 타겟팅을 하기 때문에 다른 광고 수단에 비해 홍보 효과가 뛰어나다. 그리고 광고비 또한 저렴하다.

그리고 광고비를 소유자 거주지 분포 비율에 따라 차등하여 배정하려고 할 것이다. 예를 들어 광고비가 20억 원으로 책정되어 있다면 광진구에 8.2(=20×0.41)억 원, 강남구에 2.4(=20×0.12)억 원, 송파 및 성동구에 1.2(=20×0.06)억 원, 그 외 지역에 8.2(=20×0.41)억 원을 배정하는 방식이다.

이처럼 명확한 타깃 설정과 이에 맞춘 전략적 마케팅 접근은 분양 비용의 낭비를 줄이고 분양 성공률을 높이는 데 크게 기여한다.

65강

헤드 카피 한 줄이 분양을 좌우한다

헤드 카피는 광고 메시지의 핵심을 전달하는 가장 중요한 문구이다. 효과적인 헤드 카피 하나가 분양 광고의 성공을 좌우할 수 있다. 헤드 카피는 분양하려는 부동산 상품이 충족시키고자 하는 목적을 뚜렷하게 나타내야 한다. 예컨대 투자 가치, 학군, 입지, 아파트 단지의 우수성, 건물의 특화된 기능 등 특정 포인트를 명확하게 전달해야 한다. 중요한 것은 헤드 카피가 머릿속에 확실히 그려져야 한다는 점이다. 추상적인 의미의 헤드 카피는 구매자의 마음을 파고들지 못한다.

하나의 사례로 다음 광고지와 같이 '투자신대륙 한라 빌리언스'라는 헤드 카피를 사용하였지만 분양률을 끌어올리는 데 실패했다. 이후 헤드 카피를 '복층형이니까 공간도 2배! 수익도 2배!'로 변경했다. 초기 헤드 카피는 장래의 투자 잠재성을 강조하고 있으나 그 시점이 언제인지, 가능성은 얼마인지 구체적이지 않아 고객들에게 강한 인상을 주지 못했다. 반면 변경된 카피는 복층형을 강조해 넓은 공간과 그로 인한 투자 수익이 높아질 거라는 점을 명확하게 부각하고 있다. 광고 변경 후 모델하우스에는 방문객들이 몰려들었고 분양은 책정한 기간 내에 성공적으로 완료되었다.

/ 구로 한라빌리언스

또 하나의 사례로 '경희궁의 아침'이라는 헤드 카피가 있다. 이 카피는 아파트가 경희궁과 가까운 위치에 있다는 점을 강조해 탁월한 입지적 위치를 암시하고 있다. 요즘은 역세권을 넘어 숲세권(숲과 가까운), 학세권(학교와 가까운), 스세권(스타벅스와 가까운), 맥세권(맥도날드와 가까운) 등의 창의적인 헤드 카피도 등장하였다.

/ 경희궁의 아침

이처럼 헤드 카피는 분양하는 부동산 상품의 주요 특징과 매력을 단순하면서도 강력하게 전달하는 역할을 한다. 구체적이고 집중된 메시지는 모델하우스 방문객의 수와 그들의 관심을 변화시킬 힘을 지닌다.

66강

수수료 지급 전략이 분양률을 좌우한다

디벨로퍼는 일반적으로 분양을 위해 분양 대행사를 선정한다. 분양 대행사를 평가할 때 분양 대행 실적도 중요하지만 더 중요한 것은 분양 대행 조건이다.

디벨로퍼가 분양 대행을 맡길 때는 분양 대행사와 분양 대행 계약서를 체결한다. 이 계약서에는 디벨로퍼의 광고비 투입 계획, 분양 대행사의 인원 투입 계획, 한세대 분양 시 지급하는 기본 수수료, 분양률에 따른 인센티브나 페널티 조건 등이 포함된다.

분양 대행 조건이 중요한 이유는 이 조건이 분양률에 큰 영향을 미치기 때문이다. 디벨로퍼는 분양 대행 조건을 정할 때 그 조건은 주어진 분양 기간 내에 분양률을 최대한 끌어올릴 수 있는 현실적이고도 구체적인 조건이어야 한다. 특히 인센티브와 페널티의 조합이 매우 중요한 조건이라 할 수 있다.

구 분		본 마케팅 (정식계약 체결일 ~ 4개월)			
분 양 기 간		1개월	2개월	3개월	4개월
목표 분양률	매 월	30%	25%	25%	20%
	누 계	30%	55%	80%	100%
기본 수수료		세대당 300만 원	세대당 300만 원	세대당 300만 원	세대당 300만 원
인센티브 (목표 분양률 달성 시)		세대당 300만 원	세대당 400만 원	세대당 500만 원	세대당 600만 원
총 수수료 (수수료 + 인센티브)		세대당 600만 원	세대당 700만 원	세대당 800만 원	세대당 900만 원

분양 대행 수수료 지급 조건 (사례)

위의 표는 분양 대행 수수료의 지급 조건에 대한 하나의 사례
이다. 내용을 보면 분양 개시일 기준으로 분양 대행 기간은 총 4
개월로 설정되어 있다. 매달 목표 분양률은 1개월 30%, 2개월
25%, 3개월 25%, 4개월 20%로 넉 달 만에 100% 분양을 목표로
한다. 기본 수수료는 단위 세대당 300만 원으로 책정되어 있고
매달 목표 분양률 달성 시 인센티브는 1개월 300만 원, 2개월
400만 원, 3개월 500만 원, 4개월 600만 원으로 책정되어 있다.
목표 분양률을 달성하면 분양 대행사는 기본 수수료와 인센티브
를 합한 총 분양 대행 수수료로 1개월 600만 원, 2개월 700만
원, 3개월 800만 원, 4개월 900만 원을 받게 된다.

하지만 "만약 매월 목표 분양률을 달성하지 못하면 어떻게 될
까?"라는 질문이 생길 수 있다. 첫 달에 목표 분양률 30%를 넘
지 못했을 경우 디벨로퍼는 기본 수수료인 단위 세대당 300만 원

만 지급하면 된다. 둘째 달 목표 분양률이 55%인데 달성하지 못하면 역시 단위 세대당 300만 원만 지급하면 된다.

분양 대행사 입장에서는 어떻게든 목표 분양률을 채워 인센티브를 받으려 할 것이다. 심지어 인센티브를 받기 위해 분양 대행사가 스스로 분양받아 목표 분양률을 채우기도 한다. 페널티는 목표 분양률을 달성하지 못할 경우 인센티브를 포기하는 것이다.

어떤 디벨로퍼는 분양 홍보 및 광고를 하지 않는 대신 당초 분양 대행사에게 약속한 1세대당 1,000만 원 분양 대행 수수료를 2,000만 원으로 올려 분양을 성공시킨 사례도 있다. 이 방식은 분양 광고나 홍보해도 분양이 잘 안될 때 분양 홍보 및 광고비 절감 차원에서 유용하다.

이처럼 명확한 분양 대행 조건 설정과 이에 맞춘 전략적 접근은 분양 성공률을 높이는 데 큰 도움이 된다.

67강

프로 상담사 1명이 일반 상담사 10명보다 낫다

　분양 대행사는 개발 프로젝트의 성공적인 분양을 위해 중요한 역할을 수행한다. 이들은 전문적인 분양 조직을 구성하여 모델하우스를 방문하는 고객을 상담하는 분양 상담사, 상품 설명을 전담하는 도우미, 전화 응대를 하는 텔레마케터, 필드 홍보팀 등 여러 분야의 전문가들로 이루어져 있다. 분양 상담사는 고객 상담을 통해 분양 계약 체결로 이끄는 중요한 업무를 담당한다. 분양 상담사마다 고객을 유치해 계약으로 연결하는 능력에 차이가 있는데 이는 계약률에 큰 영향을 미친다.

　따라서 초보 디벨로퍼들은 분양 대행사가 어떤 분양 상담사를 투입하는지에 큰 관심을 두고 실력 있는 상담사를 선별하는 데 주의를 기울여야 한다. 그리고 분양 상담사의 능력을 정기적으로 체크하여 실적이 저조한 상담사를 능력 있는 상담사로 교체해야 한다.

　다음 표는 어떤 분양 현장의 분양 상담사별 분양 계약 건수를 보여준다. 분양 계약 누계를 보면 최저 1건에서 최고 15건까지 큰 차이를 보인다. 따라서 분양 상담사들 일당도 천차만별일 수밖에 없다.

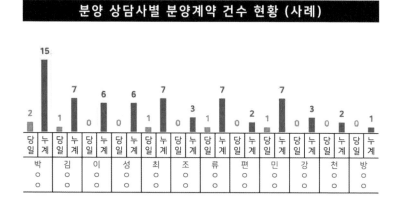

　디벨로퍼들은 능력 있는 분양 상담사의 투입은 분양률을 증가시켜 개발 프로젝트의 성공에 결정적인 요인이 되는 것을 명심하고 능력 있는 분양 상담사 확보에 큰 관심을 기울여야 할 것이다.

제13장

개발사업, 위기가 기회다

우리나라의 주택 가격은 기준금리, 부동산 정책, 수요와 공급, 국제적인 전쟁 등 여러 요인으로부터 영향을 받아 등락을 반복하면서 꾸준하게 상승세를 유지해 왔다.

다음 그래프는 우리나라 주택 가격 지수 추이를 나타내고 있는데 1977년 1월부터 2023년 4월까지 주택 가격 지수는 등락을 거듭하면서 우상향으로 진행해 왔다. 그리고 1990년 이후 4번의 하락 국면이 있었는데 다시 상승하기까지 걸리는 기간은 1~5년 기간이 걸리는 것을 알 수 있다. 여기서 흥미로운 점은 IMF 구제금융, 리먼 브라더스 세계 경제 위기에는 하락에서 상승 국면으로 전환하기까지 걸리는 기간이 2년이 채 안 걸리는 데 반해 200만 호 입주로 하락 국면에서 상승 국면으로 걸리는 기간은 6년이나 걸렸다는 것이다.

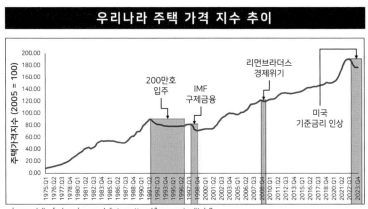

/ www.dallasfed.org/research/international/houseprice#tab2

이 그래프대로라면 금융위기로 인해 주택 시장이 하락 국면에 있더라도 1~2년 년 후에는 다시 상승 국면으로 전환되기 때문에 디벨로퍼 입장에서 견딜 수만 있다면 견디는 것이 좋다고 볼 수 있다.

왜냐하면 개발사업은 작은 에쿼티를 투입하여 큰 사업 수익을 창출하는 것이 일반적인 진행 방식인데 하락 국면에 접어들면 당초 계획과 달리 브릿지나 PF 대출이 중지되고 그 결과 토지비의 잔금 지급 시기가 닥쳤을 때 잔금을 지급하지 못하여 그간 투입한 토지 매매 계약금, 인허가 비용, 시행사 운영비 등을 모두 잃게 되는 상황이 발생할 수 있다. 요행히 브릿지나 PF 대출을 받아 토지 잔금을 지급하였다 하더라도 분양성이 나빠 개발 프로젝트 진행이 중지되면 사업이 파산하는 고통을 겪을 수도 있다.

디벨로퍼는 이러한 하락 국면을 대비하여 개발사업지를 검토할 때 몇 가지 조사할 사항이 있다. 먼저 주변 경쟁 상품들의 월세 대비 전세가율을 조사한다. 그래서 그 전세가율이 90%가 넘는다면 매우 양호한 개발사업지다. 물론 경쟁 상품의 모든 평형대가 전세가율이 높을 수도 있고 특정 평형대만 높을 수도 있다. 전세가율이 90%가 넘는 상품은 하락 국면에서도 분양될 가능성이 적지 않으며 상승 국면으로 전환하였을 때는 가장 빨리 살아나기도 한다. 이러한 개발사업지는 분양 가격이 빨리 회복될 뿐만 아니라 분양 속도도 빠르다. 이러한 개발사업지는 최대한 버텨서 지켜내야 한다.

다음으로 이전에 부동산 경기가 하락할 때에도 토지 가격이 꾸준히 상승했는지 아니면 하락했는지를 조사한다. 조사 결과 토지 가격이 하락한 적은 없다면 매우 양호한 개발사업지이다. 왜냐하면 하락기에도 토지 가격이 떨어진 적이 없거나 꾸준히 상승한 지역의 경우 부동산 경기가 회복되면 제일 먼저 브릿지나 PF 대출이 승인될 가능성이 높기 때문이다. 그리고 하락에서 상승 국면으로 전환될 때 수요는 빨리 증가하는데 주택 공급은 하루아침에 이루어지는 것이 아니어서 분양 시 신고가[29]가 속출한다. 이런 경우 사업 수익과 수익률이 당초보다 상당히 치솟을 수 있다.

그리고 토지 매입 시점은 부동산 경기가 상승할 때보다 하락할 때가 더 적합하다. 상승기에는 좋은 개발사업지 찾기가 정말 어렵다. 찾는다 하더라도 비싸다. 그러나 하락기에는 좋은 개발사업지가 부동산 시장에 많이 나온다. 그리고 가격도 싸다. 하락기에는 잔금 시기를 길게 잡자 하여도 토지주들이 쉽게 수용한다. 나의 경우 하락기에 계약금 5%에 중도금 없이 잔금 지급 시기를 16개월 후로 잡아서 계약한 사례가 많다. 그러나 경기가 상승할 때는 잔금 지급 시기를 1년 이상 잡는 것은 거의 불가능하다.

---

29) 주택 시장에서의 '신고가'란 주택 가격이 이전까지의 최고 가격을 넘어서 새롭게 최고 가격으로 거래된 것을 말한다.

제14장

분양 아파트 vs 신·구축 아파트 시장

주택 시장은 분양 아파트와 신·구축 아파트 시장으로 크게 나뉜다. 겉보기에는 두 시장이 유사해 보일 수 있지만, 자세히 분석해보면 두 시장은 서로 다른 특징을 나타내고 있다.

코로나 팬데믹 이후 2024년 4월 현재까지 부동산 시장은 롤러코스트를 타고 있다. 코로나[30]는 2019년 12월 중국 우한에서 처음 발견되었으며 이후 2020년 1월 말부터 2월 초에 걸쳐 급속하게 여러 국가로 확산하기 시작하였다. 코로나바이러스 팬데믹에 대응하여 미국연방준비제도(Fed)[31]는 몇 가지 중요한 통화 정책 조처를 단행했다. 2020년 초에 시작된 팬데믹[32]이 경제에 미친 충격에 대응하기 위해 Fed는 기준금리를 사실상 제로 수준인 0~0.25% 사이로 인하했다. 이는 2020년 3월에 이루어진 조치로 금융 시장의 안정과 경제 활동을 지원하기 위한 목적이었다. 우리나라도 코로나 초기인 2020년 1월에 첫 확진자가 나온 이후 그다음 달인 2~3월에 대구와 경북지역에서 대규모 집단 감염이 발생하면서 팬데믹 기간 동안 금융 안정과 경제 회복을 지원하기 위한 조치의 일환으로 2020년 3월 16일 기준 금리를 0.75%에서 0.50%로 0.25 포인트 낮추었다. 이는 2009년 글로벌 금융위기 이

---

30) 코로나바이러스감염증-19(Coronavirus Disease 2019, COVID-19).

31) Fed = Federal Reserve(미국연방준비제도)의 줄임말

32) '팬데믹'(Pandemic)이란 특정 질병이 세계적으로 넓은 지역에 걸쳐 많은 사람들에게 동시에 영향을 미치는 상황을 의미한다. 일반적으로 국경을 넘어 여러 대륙에 걸쳐 발생하며 많은 수의 인구에게 감염을 일으키는 것이 특징이다.

후 최저 수준의 금리였다.

초기에는 주택 시장이 하락할 것으로 보였지만 정부가 기준금리를 인하하고 경제 회복을 위해 적극적인 재정 지출을 시작하면서 오히려 주택 시장은 전례 없는 급등세를 맞이하였다.[33]

팬데믹 완화와 함께 경제 회복이 진행되면서 인플레이션을 억제하고 급증한 가계 부채[34]를 줄이기 위해 미국을 포함한 많은 국가들이 금리 인상 조치를 취하기 시작했다. 2022년 3월부터 Fed는 기준금리를 인상하기 시작했으며 한국은 그보다 7개월 앞선 2021년 8월부터 기준금리를 올리기 시작했다. 이러한 조치들은 부동산 시장의 과열을 냉각시키는 데 목적이 있었다.

기준금리 상승은 주택 가격의 연속적인 하락과 거래량 감소를 초래했다. 이는 높은 이자율과 정부의 강화된 부동산 시장 규제가 결합된 결과로 주택 매입용 대출의 차입 비용 증가로 인해 주

---

33) 코로나 시기 동안 한국의 주택 시장은 가격 상승이 두드러졌다. 2021년 3분기에는 한국의 주택 가격 상승률이 전 세계에서 가장 빠르게 증가하였으며 세계 56개국 중 가장 큰 폭으로 상승했다. 특히 서울의 아파트 가격은 문재인 대통령 재임 기간 동안 50% 이상 상승하였고 이는 경제적 불안정성과 관련된 구조적 문제들과 연관이 있다 ("Korean home market hottest on the planet as price rise leads", Korea Joongang Daily, 2021.12.19.).

34) 2020년 초에 비해 2022년 2분기에는 부채가 258조 원 증가하여 1,869.4조 원에 달했다. 이는 팬데믹 초기 단계에서 부채의 급격한 증가를 보여주는 수치이다(Household debt poses serious threat to Korean economy amid soaring interest rates, Korea Times, 2022.10.16.).

택 시장의 수요가 크게 위축된 결과였다.

주택 시장이 급격하게 위축되자 정부는 시장을 활성화하기 위해 다양한 대책을 마련했다. 이에 따라 이전 호황기에 적용되었던 부동산 규제를 대폭 완화하고 생애 최초 특례 대출(금리 2.8~3.5%), 신혼부부 특례 대출(금리 1.6~3.3%), 신생아 특례 대출(금리 1.1~1.9%), 미혼 청년 특례 대출(금리 1~3%) 등의 특례 대출 금리를 대폭 낮추었다. 또한 주택 공급을 확대하고 분양가 상한제 적용 지역을 대폭 축소하였으며 주택담보대출비율(LTV) 규제도 완화하는 등의 조처를 하기 단행했다. 그러나 이러한 정부의 다양한 노력에도 불구하고 기준 금리가 여전히 낮아지지 않고 공사비의 급격한 상승으로 인해 주택 시장이 활성화되지 않고 있자 분양 시장의 공급 물량도 급격히 감소되었다. 2023년 1~11월 전국 아파트 착공 실적은 13만 3,585가구로 전년 같은 기간 (27만 8,566가구) 대비 52% 감소하였다.[35] 2025년에는 아파트 입주 물량이 올해보다 9만여 가구 줄어들 전망이다.[36]

더욱이 원자재 가격 및 인건비 상승, 금리 인상 등으로 공사비가 급격히 증가하면서 분양가도 덩달아 상승하고 있다. 이러한 상황에서 분양권 갭투자라는 새로운 형태의 투자가 주택 시장에

---

35) 아파트 착공 규모 사상 최저치 뚝 … 신축 몸값 더 오르나, 서울경제, 2024.01.26.
36) 내년 아파트 입주물량 9만가구 감소 … 분양물량 감소 영향, 매일일보, 2024.02.07.

등장하였다.

현재와 같이 주택 담보 대출 이자가 높은 상황에서는 분양 아파트 청약이 신·구축 아파트 매입에 비해 여러 장점을 제공할 수 있다. 높은 이자율 환경에서 신·구축 아파트를 매입하려면 최소 30~50%의 자본을 투입해야 하며 나머지 50~70%에 해당하는 금액을 대출받을 경우 이자 부담이 크고 대출 조건도 까다로워 대출을 받기 어려운 상황이다. 반면 분양 아파트의 경우 계약 시 분양가의 5~10% 정도의 계약금만 납부하면 되며 중도금은 무이자 또는 저금리 조건으로 제공되는 경우가 많다. 또한 대부분의 분양 아파트는 이자 후불제를 적용하여 입주 시점에 이자를 납부하면 되므로 초기 비용 부담이 신·구축 아파트에 비해 상대적으로 적다. 아울러 신·구축 아파트는 매입 즉시 감가상각이 시작되지만 분양 아파트는 입주 시점부터 감가상각이 발생하므로 매도 시점에 더 높은 가격을 기대할 수 있다. 이러한 이유들로 분양 아파트 시장은 신·구축 아파트 시장보다 상대적으로 더 매력적이라 할 수 있다.

최근 주택 시장 동향에 따르면 2023년 12월 이후로 미국 연방준비제도(Fed)가 금리 피벗(Pivot)[37]을 고려하면서 주택 담보 대

---

37) Fed가 금리 피벗을 준비하고 있다는 말은 Fed가 경제 상황에 대응하여 곧 금리 인상을 중단하거나 금리를 인하할 수 있음을 시사하는 것으로 투자자들과 시장 참여자들에게 중요한 신호로 작용한다. 이는 경제에 더 많은 유동성을 제공하고 대출이 더 저렴해져 경제 활동을 촉진할 수 있

출 금리가 7% 이상에서 최근에는 3%대로 크게 떨어졌다. 또한 주택 공급의 감소와 지속적인 공사비 상승으로 향후 몇 년간 주택 가격이 꾸준히 오를 것으로 예상된다. 이러한 상황으로 조만간 분양 아파트 시장이 활성화될 가능성이 높을 뿐만 아니라 분양가 또한 상당히 상승할 것으로 예측된다.

개발사업을 추진하는 디벨로퍼는 이 시기를 기회로 활용할 수 있다. 분양 가격이 상승할 가능성이 높으므로 현재는 새로운 개발 프로젝트의 토지를 물색하고 계약을 진행하는 것이 좋다. 그리고 이미 브릿지나 PF 대출을 받은 경우에는 이자 비용을 감당할 수 있도록 재원을 확보하고 버티면 향후 더 큰 사업 수익을 얻을 기회가 주어질 것으로 판단된다.

는 기대를 불러일으키고 있다.

부동산 디벨로퍼는

어떻게 성공 신화를 쓰는가?

지은이 이 창 수
도움이 이 지 고

펴낸곳 텐엑스주식회사
주　　소 05551 서울 송파구 올림픽로 300, 롯데월드타워 30층
전　　화 02-866-8369　　이메일 tenx@tenx.co.kr

초판 1쇄 발행 2024년 11월 1일
ISBN 979-11-989371-0-0